KLETT-COTTA

Rudolf Dreikurs, Pearl Cassel,
Eva Dreikurs Ferguson

Disziplin
OHNE TRÄNEN

Mit einem Nachwort von Jan-Uwe Rogge

Klett-Cotta

www.klett-cotta.de
Die Originalausgabe erschien unter dem Titel »Discipline without tears. How to reduce conflict and establish cooperation in the classroom.«
Revised edition 2004 im Verlag John Wiley & Sons Canada, Ltd.

Printed in Germany
Schutzumschlag: Atelier Versen
Gesetzt aus der Adobe Garamond von Dörlemann Satz, Lemförde
Auf säure- und holzfreiem Werkdruckpapier gedruckt
und gebunden von CPI – Clausen & Bosse, Leck
ISBN 978-3-608-94598-0

Bibliographische Information der Deutschen Nationalbibliothek
Die Deutsche Nationalbibliothek verzeichnet diese Publikation in der Deutschen Nationalbibliographie; detaillierte bibliographische Daten sind im Internet über <http://dnb.d-nb.de> abrufbar.

Inhalt

▸▸▸ Dank

Rudolf Dreikurs hat vielen Lehrern, Psychologen und Therapeuten als inspirierendes Vorbild gedient und damit das Leben von Millionen von Eltern und Kindern verändert. Als Mentor und Lehrer der Adlerschen Methode lieferte er einer der Autorinnen (Pearl Cassel) die Grundideen, die in der ersten Auflage dieses Buches niedergelegt wurden. Als Vater und Lehrer der zweiten von uns (Eva Dreikurs Ferguson) weckte er ein lebenslanges Interesse an der Adlerschen Psychologie und bestärkte das überzeugte Eintreten für sie als Theorie, als Instrumentarium und als Lebensphilosophie.

Wir möchten uns bei Tony Kirby und Ken Howey für das herausgeberische Fachwissen bedanken, das bei der Vorbereitung dieser Auflage zum Tragen kam. Und Pearl Cassel dankt den vielen Schülern in ihren Klassen für die pädagogischen Erfahrungen, die sie ihr vermittelt haben und die dieses Buch erst möglich machten.

Die Zitate, die jedes Kapitel einleiten, stammen entweder aus Aufnahmen von Vorträgen oder sie sind den Schriften Rudolf Dreikurs' entnommen.

Vorwort

Pearl Cassel war eine erfahrene Lehrerin mit fünfzehn Jahren Berufspraxis, als sie die erste Auflage von *Discipline Without Tears* schrieb. Bei einem von Dr. Rudolf Dreikurs geleiteten Seminar hatte sie den Adlerschen Lehransatz entdeckt, den sie daraufhin sofort in ihrer Arbeit umsetzte. Ein wichtiger Aspekt dieses Ansatzes war die spezifisch der Diskussion in der Klasse vorbehaltene halbe Stunde, die einmal pro Woche im Stundenplan eingeplant wurde. Sie hatte sich nicht nur für die Lehrer, sondern auch für die Schüler und die größere Gemeinschaft sehr bewährt. Pearl lud Eltern zu sich nach Hause ein, um in einem fünfwöchigen »Privatseminar« Erziehungsmethoden zu studieren, wobei sie das Buch *Kinder fordern uns heraus* von Dreikurs und Soltz einsetzte.

Kurz nachdem sie die Adlersche Methode in ihrer Klasse aus Neun- und Zehnjährigen eingeführt hatte, verbesserte sich das Verhalten ihrer Schüler so merklich, dass Cassel mehr Zeit für den Unterricht zur Verfügung stand. Es war nicht mehr notwendig, die Hälfte jeder Unterrichtsstunde mit dem Erinnern, Ermahnen und Disziplinieren der Schüler zu verbringen, und so konnte sie künstlerisch und kulturell relevante Themen in den Stundenplan aufnehmen. Den Schülern stand eine Auswahl kreativer Möglichkeiten offen: Musik und Songs zu komponieren, Filme zu drehen, Gedichte zu schreiben, Stücke aufzuführen und traditionelle Tänze zu lernen. All diese Tätigkeiten sowie tägliche Gymnastikübungen wurden Teil des Lehrplans.

Bei regelmäßigen standardisierten Tests ergab sich, dass jeder von Cassels Schülern Grundkenntnisse in Mathematik, Rechtschreibung, Lesen und Englisch doppelt so schnell erwarb, wie es dem Durchschnitt entsprach. Es herrschte eine ruhige, harmonische, produktive und angenehme Lernatmosphäre. Die Schüler kamen gern zur Schule und Cassells Begeisterung für ihren Beruf wuchs.

Dieses Buch wurde allgemeinverständlich gehalten, denn es wendet sich nicht nur an diejenigen, die bereits eine pädagogische Laufbahn eingeschlagen haben, sondern auch an Menschen, die das Unterrichten eher zeitweise oder vorübergehend betreiben, zum Beispiel als Pfadfinderführer, Leiter kirchlicher Jugendgruppen, Mannschaftstrainer, Betreuer in Heimen und so weiter. Die Neuauflage des Buches wurde gründlich überarbeitet, um neueren gesellschaftlichen Entwicklungen Rechnung zu tragen. Körperliche Züchtigung ist heute ebenso verboten wie physischer Kontakt zwischen Lehrern und Schülern. Ein wichtiger Fortschritt ist, dass die moderne Entwicklung Pädagogen verdeutlicht hat, dass sie beim Umgang mit ihren Klassen mehr Unterstützung brauchen. Durch die Lektüre dieses Buches werden sie Antworten auf die Frage bekommen, wie man mit einem sich stetig verändernden pädagogischen Umfeld zurechtkommen kann. Seit Erscheinen der ersten Auflage dieses Buches haben sich auch Männer als Grundschullehrer etabliert – eine Entwicklung, die wir als Bereicherung empfinden und der wir Rechnung tragen wollen, indem wir manchmal vom »Lehrer« und dann wieder von der »Lehrerin« sprechen. Aspekte des Multikulturalismus, Schüler, die eine andere Muttersprache haben, und die Einbeziehung behinderter Schüler schaffen ständig neue Herausforderungen und Chancen für Pädagogen und die in diesem Buch beschriebenen Methoden wurden zu dem Zweck entwickelt, Schwierigkeiten in diesen und anderen Bereichen des pädagogischen Alltags beizulegen.

Wenn die Schüler einmal damit begonnen haben, im Unterricht die Prinzipien einer partnerschaftlichen, gleichberechtigten Gesellschaftsordnung anzuwenden (Aufmerksamkeit für ihre Arbeit, besseres Zuhören, die Unterstützung anderer Schüler), werden sie mit größerer Freude lernen, Selbstsicherheit entwickeln und ihre eigenen Leistungen verbessern. Wenn Lehrer die in diesem Buch beschriebenen Ideen und Methoden anwenden, werden sie ihre Arbeit als befriedigender empfinden.

Eva Dreikurs Ferguson hat die hier dargelegten Ansätze an Hunderte von Studenten und an Berufstätige weltweit weitergegeben. Diejenigen, die zum ersten Mal mit der Adlerschen Theorie in Berührung kommen, haben anfangs ihre Zweifel, ob die Methoden wirklich so schnell und mühelos funktionieren. Zu ihrer Überraschung stellen sie dann fest, dass zwischenmenschliche Konflikte, die sie für unauflösbar hielten, auf friedliche, harmonische und recht schnelle Art beigelegt werden können. Wenn Studenten und Berufstätige sich die in diesem Buch vorgestellten Gedanken zu eigen gemacht haben, erkennen sie meist mit tiefer Anerkennung, dass sich die Prinzipien und Methoden ohne Weiteres auch auf viele andere Bereiche ihres Lebens anwenden lassen – auf Partnerschaft, Elternrolle und Beziehungen am Arbeitsplatz.

Wie so viele andere Lehrer, die bei Rudolf Dreikurs gelernt haben, möchte auch Pearl Cassell ihrer tiefen Dankbarkeit ihrem Mentor gegenüber Ausdruck verleihen. Nach dem Tod Alfred Adlers war er der Hauptvertreter der Individualpsychologie. Cassel fühlt sich privilegiert, weil sie bei Dreikurs studieren und von ihm lernen durfte.

▸▸▸ Einführung: Methoden für ein partnerschaftliches Miteinander in der Schule

Parisa hat ihren Bleistift zum fünften Mal an diesem Vormittag absichtlich auf den Boden fallen lassen. Jamal weigert sich, die Rechenaufgabe zu Ende zu bringen, und kritzelt stattdessen auf dem Papier herum. Julio hat gerade eine Spuckekugel durchs Klassenzimmer geschossen und Paula hat vollkommen abgeschaltet und starrt blicklos zum Fenster hinaus. Warum?

All diese Kinder haben eine Entscheidung getroffen, wenn auch unbewusst; sie verhalten sich so, um ihren Platz in der Klasse zu finden, um sich zugehörig zu fühlen. Zweck dieses Buches ist es, die Gründe und die versteckte Logik hinter dem Verhalten dieser Kinder zu erklären, Lehrern bei der Analyse ihres eigenen Unterrichtsstils zu helfen und ihnen eine Hilfestellung zu geben, wenn sie ihr eigenes Verhalten – und das ihrer Schüler – verändern wollen.

Viele Pädagogen sind verwirrt. Manche von ihnen glauben, mit Nachgiebigkeit könnten sie dem Kind helfen, seine Bedürfnisse zum Ausdruck zu bringen, und damit auch dem Fehlverhalten ein Ende machen. Dem ist nicht so; was das Kind in einer permissiv geführten Klasse wirklich lernt, ist Anarchie im Laissez-faire-Stil und nicht etwa ein partnerschaftlicher, verantwortungsvoller Umgang mit anderen Menschen. Die Kinder lernen die Grundsätze »Ich mache, was ich will« und »Ich arbeite nur, wenn für mich etwas dabei herausspringt«. Und dann sind wir bitter enttäuscht, wenn sie laut verkünden, sie hätten ein Recht darauf, zu tun, was ihnen gerade passt – ohne Respekt und ohne Rücksicht auf die Gefühle anderer.

In sehr straff und autokratisch geführten Schulklassen dagegen lernen die Kinder, dass Macht, Prestige und eigener Gewinn die einzigen Werte sind, auf die es ankommt. Würde jeder diese Vorstellungen vertreten, käme es unweigerlich zu Konflikten. Zudem würden viele junge Menschen spätestens in der Pubertät gegen solche Werte aufbegehren.

Seit Menschengedenken haben wir in autoritär gelenkten Gesellschaften gelebt. Auf demokratische und partnerschaftliche Umgangsformen sind wir im Grunde gar nicht vorbereitet und erst recht nicht dafür ausgebildet. In dieser gesellschaftlichen Unreife liegt ein Grund für die Misere unseres Erziehungswesens.

Kindererziehung beruhte immer auf Traditionen. In ihrem 1939 erschienenen Buch über die Bewohner der Südseeinseln, *From the South Seas*, beschrieb Margaret Mead eine Anzahl unterschiedlicher Zivilisationen, von denen jede ihre Kinder auf ihre eigene Art erzieht und damit ihre kulturellen Muster erhält und zum Ausdruck bringt. Innerhalb dieser Stämme waren die Kinder seit Jahrhunderten auf dieselbe Art erzogen worden. Kinder und Erwachsene wussten also, woran sie miteinander waren. Worin besteht der Unterschied zwischen den Bewohnern dieser Inseln und den Bewohnern der westlichen Zivilisationen? In der Tradition! Unsere Traditionen nämlich haben sich im Lauf der letzten Jahrzehnte grundlegend verändert.

Alle Lebewesen wissen, wie sie mit ihrem Nachwuchs umzugehen haben – mit Ausnahme von modernen Eltern. Wir Eltern und Lehrer müssen zunächst eine neue Kultur des Miteinanders schaffen, wenn wir in einer Welt der friedlichen Koexistenz leben wollen. Ganz besonders wichtig ist dies im Klassenzimmer, wo die Pädagogen nie einen partnerschaftlichen Unterrichtsstil einüben konnten. Meist stehen Schüler gegen Schüler und Lehrer gegen Schüler. Und alle sind der irrigen Ansicht, dass sie ihren Platz nur durch Überlegenheit finden können.

Die herkömmlichen Methoden für die Erziehung und Unterrichtung von Kindern stammen aus der Zeit einer autokratisch geführten Gesellschaft und haben in einem demokratischen Umfeld ihre Wirksamkeit verloren. Wir müssen neue Formen des Miteinanders lernen, denn unsere Beziehungen zueinander haben sich verändert. In der Vergangenheit war die Beziehung zwischen Erwachsenen und Kindern von Herrschaft und Unterwerfung gekennzeichnet. Heute ist Gleichberechtigung die einzige Grundlage, auf der wir jemals in der Lage sein werden, Disziplinprobleme wirkungsvoll zu lösen.

In einer Welt, die sich schnell verändert, erleben wir das Aufbegehren all derjenigen, die in früheren, hierarchisch aufgebauten Zeiten unterdrückt wurden – Minderheiten, Frauen, ganze Berufsgruppen. Es ist daher eine positive und unumgängliche Entwicklung, dass Entscheidungen heutzutage zunehmend gemeinschaftlich getroffen werden.

Die Auseinandersetzungen in der Schule und zu Hause werden erst aufhören, wenn wir uns als Gleichwertige den notwendigen Entscheidungen stellen. Erst wenn dies erreicht ist, werden wir zu Hause und im Klassenzimmer verantwortungsbewusste und respektvolle Kinder erleben, denn Eltern, Lehrer und die Schüler verfolgen gemeinsame Ziele.

Gleichberechtigung und Gleichwertigkeit sind nicht dasselbe wie Gleichheit – Menschen sind offensichtlich nicht *gleich*, was Größe, Alter, Stellung oder Intelligenz betrifft. Es bedeutet vielmehr, einander mit dem gleichen Respekt zu begegnen. Es bedeutet, einem Zweitklässler die gleiche Achtung zu erweisen wie der eigenen Mutter. Dies ist die Sorte »Gleichheit«, die ein friedliches Miteinander in der Klasse ermöglicht und die ganze Welt zu einem besseren Ort macht. Die Umsetzung von Gleichberechtigung und Teilhabe wurde lange von politischen und juristischen Institutionen erschwert; erst seit verhältnismäßig kurzer Zeit wird sie als ein notwendiger Prozess innerhalb der zwischenmenschlichen Beziehungen im Haus, am Arbeitsplatz und im Klassenzimmer anerkannt.

Vor Jahrhunderten setzten die englischen Adeligen die Magna Carta auf, um die Macht ihres Königs zu begrenzen. Mit den ersten Siedlern in Amerika und mit der Industriellen Revolution in Europa und andernorts wuchs der Druck durch die Bürger, die verlangten, von Gesetzgebern und Juristen als Gleichberechtigte anerkannt zu werden. Arbeiter wollten das Diktat der Firmenleitung nicht mehr hinnehmen. Minderheiten, Frauen und viele weitere Gruppierungen, die sich entrechtet gefühlt hatten, verlangten unermüdlich nach Gesetzesänderungen, die ihnen Gleichberechtigung verschaffen sollten. Heute ist es die Aufgabe unserer Kinder, um ihre Rechte zu kämpfen. Ebenso wie andere vor ihnen werden auch unsere Kinder den Kampf um ihre Rechte für sich entscheiden. Sie sind in der Mehrheit und die Zeit arbeitet für sie. Sie wollen ernst genommen und mit dem ihnen zustehenden Respekt behandelt werden.

Erziehung im Einklang mit der Natur des Menschen

Die Grundsätze, auf denen die in diesem Buch beschriebenen Ideen und Methoden beruhen, wurden von dem Wiener Psychotherapeuten Alfred Adler formuliert. Adler arbeitete mit Kindern der öffentlichen Schulen Wiens und beschrieb seine Ideen in dem Buch Kindererziehung (1957). Er wollte erreichen, dass seine Gedanken Teil eines allgemeinen Lebensstils wurden, und schrieb Bücher, die für jeden Leser verständlich waren, darunter *Lebenskenntnis* (1929) und das 1931 erschienene *Wozu leben wir?*. Seine Theorie der zwingenden Logik des gesellschaftlichen Zusammenlebens setzt die Gleichwertigkeit aller Menschen voraus. Wenn wir diese Gleichwertigkeit nicht als grundlegendes Prinzip anerkennen, werden wir unsere Konflikte nie beilegen können und zu einem harmonischen Zusammenleben finden. Adler legte dar, wie die Persönlichkeitsstruktur des Menschen uns befähigt, als freie Mitglieder einer demokratischen Gemeinschaft zu leben, und propagierte eine Reihe grundlegender psychologischer Erkenntnisse, die mit den Prinzipien des demokratischen Zusammenlebens Hand in Hand gehen. Sie können auch Eltern und Lehrern helfen, die wissen wollen, was Gleichwertigkeit in der Praxis bedeutet.

Die fünf Grunderkenntnisse über menschliche Verhaltensweisen lauten:

1. Menschen sind soziale Wesen und ihr Hauptbedürfnis ist es, dazuzugehören. Dies gilt gleichermaßen für Erwachsene und Kinder.
2. Jedes Verhalten ist zweckgerichtet. Man kann das Verhalten eines anderen Menschen nicht verstehen, wenn man nicht weiß, welchem Zweck es dient. Jedes Verhalten zielt darauf ab, den eigenen Platz zu finden. Wenn ein Kind sich unangemessen verhält, kann man annehmen, dass es falsche Vorstellungen davon hat, wie es sich seinen Platz in der Gesellschaft sichern kann. Dasselbe gilt auch für Erwachsene, die sich unangemessen verhalten.
3. Es entspricht der Natur des Menschen, Entscheidungen zu treffen. Wir entscheiden, was wir tun wollen, oft ohne uns dessen bewusst zu sein. Wir sind nicht einfach Opfer äußerer Kräfte, die auf uns einwirken, etwa der Umwelt oder unserer Erbanlagen. Die Erkenntnis, dass wir tun können, was wir tun wollen, ist die Grundlage unseres pädagogischen und therapeutischen Optimismus'. Die Lebensgeschichte ist fraglos wichtig, aber sie darf nicht als Entschuldigung für inakzeptables Verhalten herhalten.
4. Jeder Mensch ist ein komplexes Wesen, das sich nicht aus isolierten Charaktermerkmalen heraus verstehen lässt. Wir erklären Handlungsweisen auf der Grundlage des ganzen Menschen. Dieses Ganze ist nicht identisch mit der Summe der Einzelteile. (Dies ist eine sehr wichtige theoretische Voraussetzung, denn sie erlaubt es uns, den ganzen Menschen wahrzunehmen, ohne langwierige Untersuchungen anzustellen. Wir können »Muster« im Verhalten erkennen.)
5. Wir sehen die Wirklichkeit nicht so, wie sie ist, sondern nur so, wie wir sie wahrnehmen, und unsere Wahrnehmung kann irrig oder voreingenommen sein.

Ein Lehrer muss verstehen, dass das Problem bei einem Kind, das das Lernen verweigert oder sich schlecht benimmt, weniger in einer persönlichen Verhaltensstörung liegt als in einer Zwangslage, in der sich das Kind befindet. Kinder sind gesellige Wesen, die zu ihrer Gruppe dazugehören wollen. Lehrer müssen lernen, die Gruppe als Hilfsmittel einzusetzen, damit sie die Ziele erkennen können, die das Kind mit seinem Verhalten verfolgt. Die meisten Erwachsenen machen die Dinge mit ihren Versuchen, das Verhalten zu korrigieren, nur schlimmer, weil sie dann genau das tun, was das Kind von ihnen will – und damit bestärken sie es in seinem Tun. Pädagogen, die dieses Buch gelesen haben, werden die Bedeutung dessen verstehen, was wir die »vier falschen Ziele des Fehlverhaltens« nennen. Sie können dem Kind begreiflich machen, was es mit seinem Verhalten wirklich bezweckt, indem sie ihm eine bestimmte Abfolge von Fragen stellen. Wenn dies auf die richtige Art geschieht, hat das Kind einen sogenannten »Erkennungsreflex«. Dieser führt dazu, dass das Kind selbst plötzlich erkennt, warum es sich so verhält und dass sich ihm neue Möglichkeiten eröffnen.

Die Klassenlehrerin ist die Leiterin der Gruppe. Sie prägt die Atmosphäre, integriert die unterschiedlichen Persönlichkeiten und regt den Prozess des partnerschaftlichen Miteinanders an. Die Diskussion im Klassenzimmer bringt die gleichen Vorteile mit sich wie die Familientreffen zu Hause, auch als »Familienrat« bekannt.[1] Gruppendiskussionen dienen dazu, Kinder in der gemeinschaftlichen Suche nach Lösungen zu üben.

Ein Bündnis aus Eltern, Lehrern und Kindern, die ein partnerschaftliches Miteinander wirklich praktizieren, kann unserem Zuhause, unseren Schulen und letzten Endes auch unserer Gesellschaft Frieden und Harmonie bringen. Mehr als alle anderen können Lehrer in unseren Schulen demokratische Prinzipien einsetzen, um damit zu helfen, zerstörerische Konflikte in unserem Leben zu eliminieren.

▸▸▸ Unterricht ohne Überforderung

Gleichwertigkeit bedeutet, dass alle Menschen, ungeachtet ihrer persönlichen Unterschiede und Fähigkeiten, denselben Anspruch auf Achtung und menschliche Würde haben.

RUDOLF DREIKURS und VICKY SOLTZ,
»Kinder fordern uns heraus«

Das heutige Schulsystem steckt in einem Dilemma, was Fragen der Disziplin angeht. Die Kontroverse über die Anwendung von Strafen kann und wird nicht beigelegt werden, bevor wir Lehrern nicht andere und wirkungsvollere Methoden bieten, mit Kindern umzugehen, die sich schlecht benehmen und das Lernen verweigern. Bis dies geschieht, halten störende Kinder die Lehrer vom Unterrichten und ihre Mitschüler vom Lernen ab. Das Verhalten einiger Kinder wird so zu einer Verletzung der gesellschaftlichen Rechte anderer.

Es ist verhältnismäßig einfach, eine Klasse zu unterrichten, in der die Kinder zuhören, lernen und sich benehmen wollen, aber in jeder Klasse gibt es Kinder, die nicht in diese Kategorie fallen – und hier liegt das Problem. Wenn ein Kind zu einem anhaltenden Störfaktor im Unterricht wird, fühlt sich der Lehrer oft außerstande, das Problem zu beheben. Für unsichere Pädagogen besteht die letzte Möglichkeit darin, das Kind ins Büro des Schulleiters zu schicken. Diese Maßnahme mag sie immerhin noch in die Lage versetzen, sich den Herausforderungen jedes einzelnen Schultags zu stellen, aber sie ist ein Notbehelf. Heute betonen die meisten Schulen, dass die Lehrer sich mit Disziplinproblemen selbst befassen sollten (und dass die Hinzuziehung der Schulleitung nur den letzten Ausweg darstellt). Mehr als früher müssen Lehrer somit neue Fähigkeiten entwickeln, um auf wirkungsvolle Weise selbst aktiv werden zu können. Mancherorts gibt es psychologische Berater, die Lehrern helfen können, ihre eigenen Schwierigkeiten in den Griff zu bekommen, aber die Etatkürzungen bei der schulischen Bildung haben diese Möglichkeiten stark eingeschränkt. Außerdem bräuchten auch die Grundschulkinder selbst unter Umständen eine psychologische Beratung, einzeln oder in Gruppen, wenn sie Probleme haben. Wenn wir warten, bis diese Probleme solche Ausmaße angenommen haben, dass man das Kind aus der Schule nehmen muss oder es in die Jugendkriminalität abzurutschen beginnt, ist es zu spät, um die Einstellungen noch zu korrigieren, die es sich in der frühen Kindheit zugelegt hat.

Moderne Ansätze, etwa die Regel, dass Kinder mit Behinderungen nicht mehr in gesonderten Klassen oder Programmen unterrichtet werden, haben den Pädagogen eine wachsende Auswahl an Unterrichts- und Befähigungsinstrumentarien zur Verfügung gestellt. Jetzt allerdings stellen wir fest, dass die Lehrer nicht dazu ausgebildet sind, mit Gruppendynamik und soziometrischen Tests zu arbeiten. Lehrer sollten sich mit diesen Hilfsmitteln vertraut machen, bevor sie die Kinder für ein Projekt oder eine kreative Gruppenarbeit einteilen.

Oft sehen sich Schüler und Schülerinnen bei der Notwendigkeit, zusammenzuarbeiten und gemeinsam auf ein Ziel hinzuwirken, mit sozialen Problemen konfrontiert. Vielleicht hat ihr Lehrer sie einfach nicht darauf vorbereitet, sich zu vertragen und in einer harmonischen Atmosphäre gemeinsam zu lernen. Die Zeiten sind jedoch vorbei, in denen der Lehrer bevormunden konnte, Macht und Druck auf die Kinder ausübte, Konkurrenzdenken förderte oder Strafen androhte. Nicht einmal die Schüler selbst werden diese Führungsmethoden noch akzeptieren. Wenn man ihnen keine Gelegenheit gibt, ihren Teil zu einem partnerschaftlich organisierten Lernumfeld beizutragen, werden sie entweder in der Klasse selbst oder zu Hause rebellieren – oder auch gegen die Gesellschaft als Ganzes.

Viele Lehrer haben sich dafür entschieden, ihre Klasse partnerschaftlich zu führen. Weil ihnen aber niemand die Kenntnisse vermitteln konnte, die dazugehören, um Gruppenleiter einer Gruppe von Gleichwertigen zu sein, sind sie stattdessen zu permissiven Anarchisten geworden. In ihren Klassenzimmern herrscht das Chaos. Ihre Schüler tun, was ihnen passt, lernen, was und wann sie wollen, nehmen nur gelegentlich Rücksicht auf die Bedürfnisse anderer und haben wenig Respekt vor Lehrern, Schule und Freunden. Lehrer und Schüler sind gleichermaßen demotiviert. Aber eine solche Laissez faire-Einstellung findet man nicht nur bei den Lehrern. Auch viele Eltern haben in ihrer Entschlossenheit, vom autoritären Gehabe früherer Generationen abzukommen, irrigerweise Methoden übernommen, die ihren Kindern jede denkbare Freiheit lassen und ihnen ein selbstherrliches, rücksichtsloses Verhalten erlauben.

Wir wissen, dass entmutigte Kinder dazu neigen, sich schlecht zu benehmen, keinen Respekt vor Regeln zu haben und sehr wenig zu lernen. Klassenzimmer, in denen eine solche Anarchie des Laissez faire herrscht, bringen eine Generation kleiner Tyrannen hervor, deren höchster Wert und oberstes Ziel es ist, genau das zu tun, was ihnen passt, ohne jedes soziale Bewusstsein oder Gespür für ihre eigene Verantwortung, etwas zur Gesellschaft beizutragen. Permissive Lehrer erfüllen ihre Aufgabe, Schüler zu unterrichten, nicht mehr. Sie haben den Fehler gemacht zu glauben, Kinder sollten lernen dürfen, was immer sie wollen. Tatsächlich aber sollten Lehrer die Kinder motivieren, das zu lernen, was sie lernen müssen – in den unteren Klassen also Grundkenntnisse des Lesens, der Sprache und der Grundrechenarten sowie die Fähigkeit, in und mit der Gruppe zu leben und zu arbeiten.

In einer gut organisierten Grundschulklasse, deren Lehrerin die Schüler motivieren kann, zu lernen, was sie lernen müssen, gibt es wenig Disziplinprobleme. Wenn die Lehrerin von der Aufgabe überzeugt ist, den ganzen Menschen zu erziehen, dann hat sie viele Möglichkeiten, Kreativität zu fördern – durch Malen und Zeichnen, Musik, Tanz und Literatur. Wenn sich ein Problem ergibt, wird sich die Lehrerin fragen, ob die zugewiesene Aufgabe zu schwierig war für manche Kinder oder zu einfach und damit langweilig? Sie wird ihre Vorbereitungsarbeit hinterfragen, die Präsentation des Materials und den Zeitraum, den sie ihren Schülern gewährt hat, um ihre Arbeit zu Ende zu bringen. Die Antworten, die die Lehrerin sich selbst auf diese Fragen gibt, werden ihr zeigen, was sie tun kann, um die Situation zu verbessern.

Wenn sie zu dem Schluss kommt, dass ihre Unterrichtsmethoden angemessen sind, kann sie sich als nächstes ihren »verborgenen Lehrplan« vornehmen, um Antworten zu finden. Dieser bezieht sich auf Kinder mit gesundheitlichen Problemen körperlicher (etwa eine Seh- oder Hörschwäche) oder psychischer Art (zum Beispiel ein Trauma, weil ein Elternteil schwer krank ist). Es ist auch möglich, dass ein Kind vor Kurzem einen Verlust erlitten hat, etwa den Tod eines Haustiers, oder sich aufgeregt auf ein bevorstehendes Ereignis wie eine Geburtstagsfeier freut. Die Lehrerin sollte den Unterschied zwischen einer vorübergehenden Verstörtheit und einem tiefer liegenden, dauerhaften Problem erkennen können.

Wenn die Lehrerin ihre Klasse wirklich kennt, wird sie einfühlsam auf die Reaktionen ihrer Schüler achten, und dadurch in der Lage sein, Hilfestellung zu leisten, wenn ein persönliches Problem eines Kindes für Unruhe sorgt. Wenn das störende Verhalten oder die Weigerung zu lernen aber von Dauer ist, kann sie lernen, die Beweggründe hinter dem inakzeptablen Verhalten des Kindes zu diagnostizieren, seine private Logik nachzuvollziehen und ihm bei einer Änderung seines Verhaltens zu helfen.

Wir haben vier Ziele identifiziert, die Kinder insgeheim verfolgen und sie dazu veranlassen, sich schlecht zu benehmen. Mit dem Terminus Ziel bezeichnen wir auch jene Absichten, die das Kind unbewusst zu seinem Verhalten motivieren. Diagnose und Behandlung sind somit recht einfach und die entsprechenden Methoden werden wir erklären (siehe Kapitel 6, »Die Lehrer-Eltern-Sprechstunde«). Mit Hilfe dieser Methoden können Grundschullehrer die meisten der Fehlentwicklungen in der

Persönlichkeit von Schülern verhindern, die später unseren weiterführenden Schulen und unserer Gesellschaft zu schaffen machen.

▸▸▹ Struktur und demokratische Gruppenleitung

In vielen Grundschulklassen lernen Kinder auf unterschiedlichem Niveau und mit unterschiedlicher Geschwindigkeit; eine Folge davon ist, dass die Klassen weniger strukturiert sind als früher. Professionelle Gründlichkeit ist schwer zu erlangen, wenn man allen Kindern zur gleichen Zeit unterschiedliche Dinge beibringen muss. Viel Zeit und Energie muss aufgebracht werden, um neben dem Unterricht noch Zusatzmaterialien zur Vertiefung anzubieten. In den folgenden Kapiteln werden wir Lehrern spezifische Methoden des Umgangs mit der Klasse präsentieren, die unter solchen Umständen eine Hilfestellung bieten können.

Im frei strukturierbaren Unterricht werden Kinder tagtäglich mit den unterschiedlichsten Situationen konfrontiert. Sie erwerben grundlegende Kenntnisse in kleinen Gruppen und arbeiten in größeren Gruppen an kreativen Projekten; sie sitzen während einer von mehreren Pädagogen durchgeführten Präsentation mit vielen anderen Schülern zusammen oder sie sitzen mit dem Lehrer im Einzelunterricht. Diese verschiedenen Unterrichtssituationen erfordern ständige Umstellungen und bringen es mit sich, dass die Kinder oft von einem Raum zum anderen wechseln. Schon dies kann zu Problemen führen. Manche Kinder sind mit alldem überfordert; es fällt ihnen schwer, unter diesen Umständen zu lernen und sie reagieren entsprechend. Oft stören sie dann das Lernklima für die anderen. Schlechtes Benehmen eines einzigen Kindes kann die Atmosphäre in der ganzen Klasse ruinieren. Das Problem dabei ist, dass die Kinder Freiheiten erhalten, ohne das zugehörige Verantwortungsgefühl zu lernen.

Alle Kinder brauchen Strukturen, um sich sicher fühlen zu können, und oft sind sie von zu Hause her nichts dergleichen gewöhnt. Daher empfiehlt es sich, dass Lehrer jeden Tag eine Unterrichtseinheit einbauen, in der allen Kindern der Klasse das gleiche Thema vermittelt wird, zum Beispiel aus der Musik oder der Geschichte. Dies führt die Klasse als eine Einheit zusammen. Selbst Kinder, die mit dem Thema selbst überfordert sind, werden ein Gefühl der Zugehörigkeit empfinden, wenn sie regelmäßig an einer solchen Lektion teilnehmen, und dieses Gefühl brauchen sie dringend. Auf diese Weise hilft man Schülern mit Lernschwierigkeiten, die sich oft ausgeschlossen vorkommen, weil sie allein über den ihnen zugewiesenen Lernprogrammen sitzen müssen.

Ohne die grundlegenden Strukturen gehen viele traditionelle Werte im Unterricht verloren. Die Schüler können dabei faul, laut, rücksichts- und verantwortungslos werden. Ihre Arbeitsweise wird schlampig; die Hefte sind schlecht geführt und voller Fehler. Wir können davon ausgehen, dass mit dem Zerfall der Strukturen auch die schulischen Standards nachlassen, anstatt dass die erhofften Verbesserungen eintreten. Später kommen leistungsschwache Schüler dann an die weiterführenden Schulen, ohne auch nur gut genug lesen zu können, um für den Unterricht dort qualifiziert zu sein. Kein Wunder, dass sich das auch auf die Lehrerschaft auswirkt.

Die Lehrer sind leider meistens nicht dafür ausgebildet worden, Fähigkeiten zu vermitteln, welche für das Leben in einer partnerschaftlichen Gesellschaftsordnung notwendig sind. Sie wissen wenig über die Problemlösungs- und Entscheidungsstrategien, welche einem solchen Umfeld angemessenen sind. Wie schon die Untersuchungen Kurt Lewins gezeigt haben.[2] entsteht Anarchie, wenn die autoritäre Kontrolle wegfällt. In unserer Gesellschaft leben Kinder in einer solchen Anarchie. Sie lehnen die Disziplin, die ethischen Maßstäbe, die Ideen und Werte der Erwachsenen ab. Oft leben sie in einem Zustand der Orientierungslosigkeit. Entweder herrscht in ihrem Umfeld ein exzessiver Materialismus oder ein vager, ausufernder Idealismus, zu dem aber weder wirkliches soziales Interesse noch ein zufriedenstellendes Gefühl der Teilhabe an der Gesellschaft gehört. Andererseits hat unsere westliche Zivilgesellschaft noch kein soziales Problem geschaffen, das mit den Mitteln der Zivilisation nicht auch wieder gelöst werden könnte. Um dahingehend wirken zu können, müssen Pädagogen lernen, eine demokratische Vorbildfunktion einzunehmen.

Zu manchen Schulsystemen Nordamerikas gehören standardisierte Tests, mit denen die Leistungen der Kinder in Lesen, Mathematik und Englisch überprüft werden. Es ist wichtig, dass Lehrer, Eltern und die Schüler selbst wissen, welches Niveau das Kind erreicht hat; nur dann kann ein angemessenes Lernprogramm erstellt werden.

In der Provinz Ontario wurden die standardisierten Tests im Jahr 1998 eingeführt. Seither haben sich die Leistungen der Schüler von Jahr zu Jahr verbessert. So ist zum Beispiel die Anzahl der Schüler im dritten Jahr, die den von der Provinz als Standardwert vorgegebenen Wissensstand in Mathematik erreichen, von 1997/8 bis 2001 um 35 Prozent gestiegen. Das ist eine gewaltige Leistung.

Das übermüdete Kind: Ein neues gesellschaftliches Problem

Viele Kinder kommen müde zur Schule. Der Schlafmangel hindert sie daran, zu lernen und sich in der Schule angemessen zu verhalten. Diese Kinder sind Allergien, Bakterien und Viren gegenüber anfälliger als andere und haben wegen ihres geschwächten Immunsystems auch häufig verschleppte Ohr- und Halsentzündungen.

In der heutigen Gesellschaft, in der alleinerziehende Väter und Mütter oder beide Eltern eines Kindes berufstätig sind, herrscht unter den Eltern ein weit verbreitetes schlechtes Gewissen, weil sie am Tag nicht für ihre Kinder da sein können. Dies kann zu Überkompensation führen – während der freien Abendstunden erhalten die Kinder dann ein Übermaß an Zeit und Aufmerksamkeit. Alleinerziehende Menschen sollten aber auch noch Zeit für sich selbst haben und Lebenspartner müssen Zeit miteinander verbringen können. Es ist wenig überraschend, dass viele alleinstehende Eltern völlig erschöpft sind und dass Ehen an dieser ungesunden, auf das Kind fixierten Haltung zerbrechen.

Es ist gar nicht unüblich, dass Eltern ein Kind bis elf Uhr abends »unterhalten«. Damit ist die normale Schlafenszeit für die meisten Sieben- bis Elfjährigen um drei Stunden überschritten. Die Kinder wären besser in der Lage, in der Schule zu lernen, wenn sich ihre Eltern nicht bis spät in der Nacht mit ihnen beschäftigen würden.

Viele Familien sind heute so von den Kindern dominiert, dass die ganz gewöhnliche Rücksichtnahme im Haushalt und das Zusammenleben mit anderen Familienmitgliedern dabei zu kurz kommen. Das herzliche, teilnehmende Miteinander im größeren Familienkreis gehört bei vielen Erwachsenen und Kindern nicht mehr zum Alltag.

Wie können Grundschullehrer in dieser Situation helfen? Sie müssen den Eltern nachdrücklich, dabei aber diplomatisch das Nötige zu verstehen geben. Sie können auch bei den Kindern selbst ansetzen und ein früheres Schlafengehen empfehlen.

Wenn das Problem des Schlafmangels wirkungsvoll behandelt wird, profitieren alle Betroffenen – das Kind, die Eltern und die Lehrer.

▸▸▸ Welcher Typ Lehrer sind Sie?

Nichts wirkt armseliger als eine gestürzte Autorität, die ihre Niederlage nicht zugeben will.
RUDOLF DREIKURS

Glauben Sie als Lehrer oder Lehrerin, dass Sie ihre Klasse nur kontrollieren können, indem Sie den Kindern Ihren Willen aufzwingen? Wenn Pädagogen darauf abzielen, die Kinder dazu zu »bringen«, das zu tun, was man ihnen sagt, sie zum Lernen zu zwingen, sie zurechtzuweisen, wenn sie es nicht tun, jedes Fehlverhalten zu bestrafen und jede Möglichkeit zu kreativem Ausdruck zu verweigern, handeln sie autoritär und tyrannisch.

Wenn Sie der Ansicht sind, alle Antworten zu kennen, und den Standpunkt vertreten, dass es in Ihrer Macht steht, den Kindern Anweisungen zu geben und sie Ihrem Willen zu unterwerfen, dann werden Sie früher oder später geschlagen werden. Ja, der Einsatz von Macht, Druck und Strafen bei der Forderung nach Kooperation galt viele Jahre lang als die richtige Vorgehensweise in diesem Beruf. Aber Lehrer, die ihre Vorstellungen auch heute noch in scharfem Tonfall durchsetzen und dabei alle Entscheidungen selbst treffen und alle Regeln allein vorgeben, sind Relikte einer vergangenen Epoche.

Die Kinder unserer Zeit akzeptieren diese Art von Despotismus nicht mehr. Sie sind sich darüber im Klaren, dass wir heute in einer anderen Gesellschaft leben, und erwarten, als verantwortungsbewusste, vollwertige, entscheidungsfähige menschliche Wesen behandelt zu werden. Sie nehmen es übel, wenn man auf sie herabsieht, und werden mit Feindseligkeit und Rachsucht reagieren, um einem autoritären »Boss« seine Einstellungen heimzuzahlen. Aufgrund des Mangels an wechselseitigem Respekt werden sie zwei Dinge lernen: erstens, dass Regeln, die für eine Seite gelten, nicht unbedingt auch für die andere verbindlich sind, und zweitens, dass Macht, welcher Art auch immer, sehr wichtig ist.

Manche Kinder wehren sich mit Spott, Bockigkeit, Wutanfällen, Ungehorsam, Streitsucht und der Weigerung zu lernen. Wenn ein Kind sich solche Verhaltensweisen angewöhnt, wird es zu einem Unruhestifter und Aussteiger und gerät in Gefahr, irgendwann straffällig zu werden. Die meisten unserer problematischen Teenager sind in einem Dauerzustand des unreifen Egoismus stehengeblieben und haben niemals ein Gefühl der Verantwortung entwickelt, sei es Aufgaben oder anderen Menschen gegenüber. Viele dieser jungen Leute hätten vor diesem Zustand bewahrt werden können, wenn ihre Lehrer ihnen mehr Verantwortung zugetraut und zugemutet hätten; stattdessen wurden sie von autoritären, verständnislosen Leuten vollkommen demotiviert.

Wahrscheinlich sind Sie zu dem Schluss gekommen, dass Sie nicht zum Typ des despotischen Lehrers gehören. Sie schaffen nicht die Sorte von Lernatmosphäre, in der nur einige wenige »gute« Kinder besser werden, viele »schlechte« Kinder weiter zurückfallen und der größte Teil der Kinder mit dem Mittel der Einschüchterung beherrscht wird. In einer solchen Atmosphäre tun die »guten« Kinder oft ihr Möglichstes, um Erfolg zu haben, allerdings vor allem deshalb, um sich überlegen fühlen und auf ihre Mitschüler herabsehen zu können. Sie lernen nicht aus Freude am Lernen und entwickeln auch keine Bereitschaft, den Anforderungen einer gegebenen Situation gerecht zu werden, um etwas zum Besten aller beizutragen.

Wahrscheinlich gehören Sie nicht zu den autoritären Tyrannen, die »schlechte« Kinder schlechter machen, indem sie sie bestrafen oder entmutigen. Wahrscheinlich haben Sie keine Klasse, in der es kaum freiwillige Kooperation gibt, in der die Kreativität erstickt und das soziale und emotionale Wachstum beschnitten wird. Aber sind Sie vielleicht zu permissiv? Waren Sie früher ein eher autokratischer Lehrer und sind nun zum anderen Extrem übergegangen? Vielleicht haben Sie die Kontrolle vollständig abgegeben und leben mittlerweile in einem Dauerzustand aus Stress und Gereiztheit, weil die Kinder *Sie* kontrollieren?

Als permissive Lehrerin betrachten Sie nichts, das ein Kind tut, als falsch; Sie entschuldigen alles in der Überzeugung, dass jedes Kind irgendwann zu einem guten und konstruktiven Mitglied der Gesellschaft werden wird. Sie stellen eine breite Auswahl möglicher Lerntechniken und -methoden zur Verfügung, die Ihre Schüler einsetzen können, wenn und wie sie es wollen. Sie schlagen ihnen vor, sich die Themen oder Lektionen für den Tag selbst auszusuchen. Sie bieten Schülern eine große Auswahl von Materialien zur Ansicht, die sie ganz nach ihren eigenen Vorstellungen verwenden können. Sie stellen es ihnen frei, in Gruppen oder allein oder am Computer zu arbeiten.

Manche Ihrer Schüler entscheiden sich vielleicht dafür, wochenlang an keiner Lesestunde teilzunehmen, aber Sie vertrauen darauf, dass diese Kinder Sie bitten werden, ihnen das Lesen beizubringen, wenn sie so weit sind. Sie bereiten im Grunde keinen Übungsstoff für die Schüler vor, denn Sie glauben daran, dass die Kinder bei Forschungsprojekten zu Dingen, die sie interessieren, viel mehr lernen. Sie machen sich nicht die Mühe, Tests mit der ganzen Klasse durchzuführen, denn schließlich lernen Ihre Schüler alle in unterschiedlichem Tempo.

Am Ende des Arbeitstages fragen Sie sich vielleicht, was Sie Ihren Schülern eigentlich beigebracht haben und warum Sie solche Kopfschmerzen haben, aber Sie reden sich ein, dass der Lärm im Klassenzimmer bedeutet, dass die Kinder miteinander kommunizieren und voneinander lernen. Sie werden nervös, wenn Sie ein Zwischenzeugnis ausstellen sollen oder ein Gesprächstermin mit einem Elternteil bevorsteht, weil Sie in Wirklichkeit weder Noten noch konkrete Anhaltspunkte haben, die Ihnen dabei helfen könnten, eine zutreffende Beurteilung auszusprechen. Tatsächlich fragen Sie sich, ob Marie überhaupt regelmäßige Fortschritte gemacht hat oder ob ihre Leistungen dauerhaft stagnieren. Vielleicht machen Sie sich Sorgen, sie könnte sogar zurückgefallen sein. Vielleicht sind auch Sie selbst deprimiert und fühlen sich krank.

Am Ende des Schuljahres zeigt sich, dass ein Teil des Unterrichtmaterials beschädigt oder entwendet wurde, und unter den Schülern haben sich hartnäckige Konflikte angestaut. Die Kinder respektieren die Rechte anderer nicht, sie sind müde, gelangweilt, unfähig, sich auf etwas zu konzentrieren, und außerstande, sich in irgendwelche Abläufe einzufügen. Es läuft darauf hinaus, dass Ihre Schulklasse zu einer Gruppe vollkommener Egozentriker geworden ist.

Eltern erkundigen sich, was in Ihrer Klasse eigentlich los ist, weil ihre Kinder weniger zu wissen scheinen als im Vorjahr und ihr Benehmen zu Hause kaum zu kontrollieren ist. Mehrere Ihrer Schüler müssen regelmäßig beim Vertrauenslehrer oder bei der psychologischen Beratungsstelle erscheinen oder sogar privat praktizierende Therapeuten aufsuchen. Die meisten dieser jungen Leute sind verwirrt und haben keine Ahnung, woran sie sind. Sie sind aufrichtig davon überzeugt, sie hätten das Recht, genau das zu tun, was ihnen passt, und ihre Mitschüler, ihre Eltern und sogar Sie zu tyrannisieren. Das nämlich ist es, was Sie ihnen vermittelt haben.

Sie kommen schließlich zur Einsicht: »Ich habe beschlossen, auf autoritäres Gehabe zu verzichten. Ich habe gelesen, was die Fachleute empfehlen; ich bin eine progressive Lehrerin. Aber im tiefsten Inneren weiß ich, dass ich mich im Grunde einfach vor der Verantwortung gedrückt habe, diese Klasse zu unterrichten, und ich weiß auch, dass die meisten dieser Kinder in der Lage gewesen wären, sehr viel besser lesen, schreiben und rechnen zu lernen. Ich habe ihnen nicht dabei geholfen, die Probleme des Lebens anzugehen. Sie können keine sinnvolle Projektarbeit liefern, weil sie die Bücher nicht lesen können und ich ihnen die dazu notwendigen Fähigkeiten nicht beigebracht habe. Diese Kinder waren früher meine Freunde; jetzt haben sie keinerlei Respekt weder vor mir, noch vor der Schule, der Gemeinschaft oder auch nur vor sich selbst. Sie benehmen sich schlecht, weil sie entmutigt sind, und ich bin es auch. Ich bin vollkommen verwirrt, weil ich nicht weiß, was ich falsch gemacht habe. Sollte ich den Beruf wechseln? Führt die Arbeit, die ich mache, unausweichlich dazu, dass ich unglücklich und frustriert bin? Tauge ich irgendetwas in meinem Beruf?«

Natürlich ist diese Geschichte ein Alptraum. Die beschriebene permissive Lehrerin sind nicht wirklich Sie. Jene handelte nach dem Laissez-faire-Prinzip und das Ergebnis war, dass in ihrer Klasse Anarchie herrschte. Und in Ihrer Klasse sieht es nicht so aus.

Wenn Sie also weder autoritär noch permissiv sind, was können Sie sein?

Die Alternative ist es, ein demokratischer Gruppenleiter zu sein – das heißt, ein Anführer, der freundlich, aber fest ist, der die Kinder dazu motiviert, zu lernen, was sie lernen sollten, sie ermutigt, wenn sie Fehler machen, Ordnung und geregelte Abläufe aufrechterhält, indem er jedes Kind an der Entscheidungsfindung teilhaben lässt.

Im Folgenden wurde der Versuch unternommen, Attribute autoritärer und demokratischer Lehrerinnen und Lehrer vergleichend einander gegenüberzustellen:

Autoritär	Demokratisch
Boss	Anführer
Scharfer Tonfall	Freundlicher Tonfall
Befiehlt	Lädt ein
Übt Macht aus	Übt Einfluss aus
Setzt unter Druck	Stimuliert
Verlangt Kooperation	Fördert die Kooperation
Ich sage dir, was du tun sollst	Ich sage dir, was ich tun werde
Setzt Ideen durch	Gewinnt die Kinder für neue Ideen
Dominiert	Leitet an
Kritisiert	Ermutigt
Findet etwas auszusetzen	Anerkennt Erreichtes

Autoritär	Demokratisch
Bestraft	Hilft
Diktiert	Bespricht
Ich entscheide; ihr gehorcht	Ich schlage vor und helfe euch entscheiden
Verantwortlichkeit liegt allein beim »Boss«	Geteilte Verantwortung als Ergebnis des Teams

Der entscheidende Unterschied zwischen den beiden Ansätzen ist, dass die linke, »autoritäre« Spalte von außen ausgeübten Druck beschreibt, die »demokratische« rechte Spalte dagegen Anreiz von innen repräsentiert. Dieser grundlegende Unterschied gibt Ihnen die Möglichkeit, Ihren eigenen »demokratischen Index« zu beurteilen und jeden Schritt zu hinterfragen, den Sie tun, und jeden Ansatz, den Sie verwenden.

Der Lehrer, der ein demokratischer Anführer ist, fördert die Gruppendynamik, lehrt Verantwortungsbewusstsein, indem er Verantwortung zugesteht, und schafft eine gesunde Lernatmosphäre, in der jedes Mitglied der Klasse akademische, soziale und emotionale Fortschritte machen kann – auch der Lehrer selbst. Dieser demokratische Lehrer können – und sollten – Sie sein.

▶▶▷ Selbstprüfung für Lehrer

Lehrer haben viele Verpflichtungen und stellen manchmal fest, dass ihre Werte und die Erwartungen, die an sie herangetragen werden, nicht im Einklang sind. Einerseits müssen sie die Fähigkeiten und Fortschritte ihrer Schüler auf eine Art fördern, wie die Gesellschaft als Ganzes es verlangt und braucht. Andererseits wird von ihnen erwartet, dass sie das Wohlergehen ihrer Schüler berücksichtigen und ihnen dabei helfen, sozial und emotional reife Menschen zu werden. Gewissenhafte Lehrer stellen oft fest, dass die Anforderungen, die an ihre Fähigkeiten und ihre Energie gestellt werden, ihre Möglichkeiten und Kräfte übersteigen. Die folgenden Schritte zur Selbstprüfung sollen Lehrern dabei helfen, innere Ressourcen zu aktivieren, mit denen sie die Aufgaben bewältigen können. Gelingt ihnen diese Evaluation, werden sie vermutlich Kraftreserven entdecken, die ihnen zuvor nicht bewusst waren, und Bereiche identifizieren, bei denen noch eine Steigerung möglich ist. Selbstkenntnis ermöglicht es Lehrern, im Klassenzimmer effektiver und zuversichtlicher zu werden.

Dies sind die zwölf empfohlenen Schritte zur Selbstprüfung:

1. Emotionale Stabilität – inneres Gleichgewicht

Ein Gefühl des persönliches Wertes, der Selbstachtung und der emotionalen Stabilität ist unabdingbar. Fragen Sie sich:

- Würdige ich meinen eigenen, persönlichen Wert?
- Würdige ich den individuellen Wert jedes Kindes?
- Behandle ich all meine Schüler mit Respekt, Verständnis und Geduld?
- Habe ich Humor?

2. Körperliche Gesundheit – dynamische Persönlichkeit

Gute Lehrer sind körperlich fit, unternehmen die nötigen Schritte, um Krankheiten zu vermeiden, und nehmen Rücksicht auf ihren Körper, um den bestmöglichen Unterricht liefern zu können. Ihre Schüler brauchen einen gesunden und enthusiastischen Lehrer. Fragen Sie sich:

- Habe ich Energie?
- Esse ich vernünftig?
- Treibe ich regelmäßig Sport?
- Ist mein Äußeres gepflegt und attraktiv?
- Wirke ich im Unterricht engagiert?
- Wirkt mein Vorbild motivierend?

3. Wirkungsvoller Einsatz meiner Intelligenz und Begabung zum Unterrichten

Gute Lehrer setzen ihre Intelligenz effektiv ein und reagieren einfühlsam auf die Bedürfnisse anderer. Sie eignen sich Fachwissen an, haben Geduld mit langsameren Kindern und können unterschiedliche Lösungswege erfassen und erklären. Fragen Sie sich:

- Weiß ich, was ich von den verschiedenen Schülern erwarten kann?
- Achte ich darauf, mir Gereiztheit oder Frustration nicht an der Stimme oder Gestik anmerken zu lassen?
- Entwickle ich Hilfsprogramme für langsame Kinder?
- Kann ich wirkungsvoll mit Verhaltensproblemen umgehen?

4. Kreativität, Vorstellungskraft, Einfallsreichtum

Gute Lehrer sind informiert und halten sich selbst über neue Materialien auf dem Laufenden. Sie halten immer Ausschau nach neuen Ideen, wenden die aussichtsreicheren davon an und überprüfen ihre eigenen Unterrichtserfolge, indem sie die Schüler regelmäßig testen und den Stoff bei Bedarf wiederholen. Fragen Sie sich:

- Gebe ich im Unterricht Ziele vor?
- Habe ich eine Vision davon, was der einzelne Schüler erreichen kann?
- Kann ich mir neue Methoden einfallen lassen, um ein gegebenes Thema darzustellen?
- Habe ich auf mehr als eine Art versucht, den Stoff zu erklären, wenn ihn ein Schüler nicht verstanden hat?
- Aktualisiere und ergänze ich regelmäßig das Lernmaterial mit den verfügbaren, teils selbst recherchierten Mitteln?
- Bin ich findig, wenn es darum geht, brauchbares Material zu beschaffen?
- Kann ich Unterrichtsmaterialien verständlich arrangieren, Regeln im Klassenzimmer etablieren und regelmäßige Gruppendiskussionen durchführen lassen?

5. Höflichkeit, Freundlichkeit, Mitgefühl und Takt

Höflichkeit fördert Harmonie und die Bereitschaft zum Mitgefühl, Freundlichkeit macht die Kommunikation zum Vergnügen und Takt verrät Geschick beim Lösen von Problemen. Fragen Sie sich:

- Spiegelt sich meine Höflichkeit – oder mein Mangel an Höflichkeit – im Verhalten meiner Schüler?
- Haben meine Schüler eine Beziehung zu mir und vertrauen sie mir?
- Reagieren die Schüler bereitwillig und mit Freude auf meinen Unterricht?

6. Aufrichtigkeit und Ehrlichkeit

Vertrauen entsteht auf der Grundlage von Aufrichtigkeit und Ehrlichkeit; der Wunsch zu helfen muss erkennbar sein und Versprechen müssen gehalten werden. Fragen Sie sich:

- Beruht meine Beziehung zu den Schülern auf Ehrlichkeit und sind meine Erwartungen realistisch?
- Verstehen die Schüler, was ich von ihnen will?
- Wollen die Schüler miteinander und mit mir kooperieren?

7. Konsequenz

Festigkeit sollte nicht zu Starre ausarten, aber Ihre Darlegungen sollten sorgfältig strukturiert sein und klar verständlich vorgetragen werden, damit ein verlässliches Lernumfeld entsteht. Dies erfordert es, Regeln und Umgangsformen einzuführen, die ein geordnetes Zusammenleben im Klassenzimmer möglich machen. Anfallende Probleme sind in der wöchentlichen Gruppendiskussion zu lösen. Fragen Sie sich:

- Respektieren meine Schüler mich und empfinden sie zugleich Sympathie für mich?
- Sind meine Schüler sich im Klaren darüber, was ich von ihnen erwarte?

- Wissen meine Schüler, welche Entscheidungen endgültig sind? Und wissen sie, welche Entscheidungen ihrer eigenen Sicherheit dienen?

8. Pünktlichkeit, Effizienz und Organisation

Gute Lehrer planen und organisieren im Voraus und haben klare Vorstellungen vom Ablauf sowohl organisierter als auch informeller Diskussionen. Fragen Sie sich:

- Beginnen und enden meine Unterrichtsstunden innerhalb der vorgesehenen Zeit?
- Sind meine Unterrichtsstunden und -tage im Voraus geplant?
- Spüren die Schüler diese Organisation und reagieren auf sie?

9. Positive, ermutigende Einstellung

Eine positive Haltung wird Ihre Schüler dazu ermutigen, sich von ihrer besten Seite zu zeigen, und damit zu einer zufriedenen Klasse beitragen. Sie zeigt auch, dass Sie sich auf den Lernstil Ihrer Schüler einstellen können. Fragen Sie sich:

- Erkenne ich gute Fortschritte an?
- Werden meine Schüler behutsam ermutigt, Besseres zu leisten, wenn sie Fehler machen?

10. Demokratischer Führungsstil

Obwohl der Lehrer die verantwortliche Autorität im Klassenzimmer ist, richtet er oder sie sich zugleich auch nach den Vorgaben oder Anweisungen von Schulleitern und Experten. Gleichzeitig nimmt er aber auch Anregungen ernst, welche aus der Klasse kommen. Fragen Sie sich:

- Funktioniert die Kommunikation mit meinen Schülern?
- Habe ich meinen Schülern Aufgaben zur Instandhaltung des Klassenzimmers anvertraut?

- Haben meine Schüler ihren Anteil an den Entscheidungen, die getroffen werden; tragen sie Ideen vor, setzen Vorschläge in die Tat um oder organisieren sie Aktivitäten – immer in einem Maß, das ihrem Alter und ihrer Entwicklung entspricht?

11. Professioneller Status

Verantwortungsbewusste Lehrer pflegen ein freundschaftliches Verhältnis zu ihren Kollegen und bilden sich beruflich weiter. Fragen Sie sich:

- Lese ich Fachzeitschriften und vergleichbare Publikationen?
- Nehme ich an Kongressen, Konferenzen oder Seminaren teil?

12. Die Grundeigenschaften eines guten Lehrers

Ein guter Lehrer ist geduldig, liebevoll und freundlich, gibt klare Anleitungen und erwartet, dass seine Schüler ruhig und aufmerksam zuhören. Ein guter Lehrer ist verantwortungsbewusst, einfallsreich, vernünftig und zugänglich auf die Art, wie es etwa Raymond Corsini dargelegt hat[3], und kann diese Eigenschaften auch seinen Schülern vermitteln. Fragen Sie sich:

- Verhalte ich mich verantwortungsvoll?
- Bin ich einfallsreich, wenn es darum geht, vertiefendes Zusatzmaterial für begabte Schüler zu finden?
- Stelle ich vernünftige Ansprüche?
- Erweise ich mich in Worten und in meiner Handlungsweise als empfänglich gegenüber den Bedürfnissen der Schüler?

Wenn Sie die meisten dieser Fragen mit Ja beantworten können, dann empfinden sowohl Sie selbst als auch Ihre Schüler das Klassenzimmer wahrscheinlich als einen angenehmen Ort zum Lernen und freuen sich jeden Tag darauf, zur Schule gehen zu können.

▸▸▸ Eine lohnende Alternative: Respekt und Verantwortung statt Regellosigkeit

Demokratie bedeutet Achtung und Würde für jeden Bürger … Ganz offensichtlich führt die Entwicklung zu einer Vorstellung vom Zusammenleben ohne Gewalt und Unterdrückung.

RUDOLF DREIKURS

Man kann Disziplin als den Dreh- und Angelpunkt der schulischen Erziehung betrachten. Ohne sie verschwindet das Gleichgewicht zwischen Lehrern und Schülern und es wird sehr wenig gelernt. Die heutigen Disziplinprobleme können beigelegt werden, wenn wir die überholte autoritäre Methode aufgeben, die eine Unterwerfung der Schüler forderte, und eine neue Ordnung akzeptieren, die auf den Prinzipien von Freiheit und Eigenverantwortung beruht. Lehrer sollten weder permissiv noch autoritär sein. Als Lehrer oder Lehrerin müssen Sie lernen, Ihren Schülern gewachsen zu sein, ihre Denkweise verstehen und in der Lage sein, sie zu leiten, ohne sie verwahrlosen zu lassen oder, das andere Extrem, zu unterdrücken.

Die erfolgreiche Formel für das Anleiten von Kindern im Klassenzimmer beruht auf der Überzeugung, dass Gleichwertigkeit nicht nur ein politisches Ideal, sondern eine Lebensweise ist. Sie ist ein Teil derjenigen zwischenmenschlichen Beziehungen, in denen Würde und wechselseitiger Respekt herrschen. In einer solchen Gesellschaft herrscht Freiheit, aber nicht Regellosigkeit. Dies ist eine geteilte Verantwortung, die zunächst gelehrt werden muss. Man genießt die Freiheiten und akzeptiert die Verantwortung, die das Leben in einer modernen Zivilgesellschaft mit sich bringt. Bevor Sie als Lehrer Ihre pädagogische Ausbildung begonnen haben, hatten Sie Fähigkeiten erlernt, die Ihnen erlaubten, Ihren Beruf frei zu wählen, und Sie haben sich dafür entschieden, mit Kindern zu arbeiten. Diese Freiheit war kein Freibrief. Hätten Sie gerufen »Ich will meine Freiheit« und Ihre Lehrer hätten sich darauf eingelassen und Ihnen das Nötige nicht beigebracht, würde Ihre eigene Unwissenheit Sie jetzt in Ihrer Freiheit beschränken. Das, was Sie gelernt haben, ist es, das Ihnen Freiheit ermöglicht.

Nehmen wir ein Beispiel. Stellen Sie sich vor, Sie halten sich in einer Ferienkolonie auf. Es werden Aktivitäten wie Schwimmen, Tennis, Badminton, Wasserski, Golf, Segeln, Tanzen und Bridge angeboten. Weil Sie bereits gewisse Fertigkeiten erlernt haben, haben Sie jetzt die Freiheit, unter all diesen Möglichkeiten zu wählen – oder vielleicht ziehen Sie es auch vor, sich einfach zu entspannen und in der Sonne zu liegen. Jetzt stellen Sie sich einen Menschen vor, der Ihre Fähigkeiten nie erlernt hat. Ihm steht diese Wahlfreiheit nicht zur Verfügung; tatsächlich hat er keine Wahl *außer* in der Sonne zu liegen. Diese Person mag denken: »Ich wünschte, ich könnte schwimmen, Tennis oder Golf spielen usw.«, aber weil sie die betreffenden Fähigkeiten nie erworben hat, ist sie jetzt in ihren Möglichkeiten eingeschränkt.

Ein wirklich freier Mensch hat ein breites Spektrum von akademischen, künstlerischen, athletischen und sozialen Fähigkeiten erlernt. Die meisten davon wurden an der Schule unterrichtet. Durch Kooperation, Lernbereitschaft und durch die Gelegenheit, angemessene Entscheidungen einzuüben, hat dieser Mensch tatsächlich die Fähigkeit entwickelt, in einer gegebenen Situation freie Entscheidungen zu treffen. Ohne diese Fertigkeit wäre er in seinen Möglichkeiten ausgesprochen eingeschränkt und zu einem Dasein gezwungen, in dem er auf eigene Entscheidungen weitgehend verzichten muss. Wir alle haben schon gesehen, wie viel Unheil entstehen kann, wenn ein Mensch nicht in der Lage ist, Problemlösetechniken einzusetzen, um angemessene Entscheidungen zu treffen – eine Unfähigkeit, die sich verheerend auf Freundschaften und das Familienleben auswirken kann.

Ohne erlernte Fähigkeiten, Courage und Verantwortungsgefühl haben wir keine wirkliche Freiheit, uns zu entscheiden – ob wir arbeiten oder spielen, ob wir reich oder arm sein wollen. Freiheit erfordert Fertigkeiten und Verantwortung. Wirklich frei zu sein bedeutet unabhängig zu sein (in finanzieller und emotionaler Hinsicht) und die Möglichkeit der Selbstbestimmung zu nutzen. Sie haben diese Freiheit erfahren und haben sich aus einer Vielzahl möglicher Berufe dafür entschieden, Kinder zu unterrichten.

Als Lehrerin mit demokratischer Grundeinstellung werden Sie Ihren Glauben an die Freiheit an Ihre Schüler weitergeben wollen, indem Sie Ihre Rolle weder als autoritäre Alleinherrscherin noch als Laissez-faire-Anarchistin, sondern als verantwortungsbewusste Leiterin Ihrer Schülergruppe angehen. Ihre Schüler werden mit Enthusiasmus lernen und soziale Verantwortung entwickeln, weil sie Freude an dem Gefühl haben, etwas beizutragen und nützlich zu sein. Sie verlassen das Klassenzimmer jeden Tag in der Gewissheit, dass Sie mit Ihren Schülern einen spannenden Tag des Lebens, Lernens und Gefordertseins verbracht haben. Jetzt können Sie sich entspannen, Ihren Spaß haben und sich auf einen neuen Tag voll interessanter Entdeckungen mit Ihren Schülern freuen. Die Freiheit der Lehrerin hilft den Schülern, zu lernen, wie sie selbst frei werden können.

Wie haben Sie diesen beneidenswerten Zustand erreicht? Sie haben festgestellt, dass die folgenden sechs Bedingungen erfüllt sein müssen, um zufrieden und ausgeglichen zu sein:

1. Sie sorgen mit regelmäßigen Vorsorgeterminen für Ihre körperliche Gesundheit, weil Sie sich darüber im Klaren sind, dass die ständige Anstrengung des Unterrichtens und des Aufrechterhaltens guter persönlicher Beziehungen Ihnen Höchstleistungen abverlangt. (Wenn die Lehrerin nicht gesund ist, wird sich dies mit Sicherheit auf die Klasse auswirken – trotz aller Anstrengungen, freundlich und gut vorbereitet zu sein.)
2. Sie mögen Kinder und haben aufrichtig Freude am Unterrichten.

3. Sie verstehen und akzeptieren sich selbst; Sie besitzen ein Gefühl für Ihren eigenen Wert, das Sie davor bewahrt, allzu schnell verletzt oder verunsichert zu sein. Sie haben den Mut, unvollkommen zu sein. Sie können Kritik hinnehmen und manchmal sogar über sich selbst lachen.
4. Sie arbeiten für das Gefühl, etwas erreicht zu haben, und lassen sich von Ihrer Arbeit stimulieren.
5. Sie gehen neue Herausforderungen mit Zuversicht und Courage an und versuchen immer, Ihr Bestes zu tun.
6. Sie halten sich Zeit frei, die Sie in persönliches Wachstum investieren. Ihr lebhaftes Interesse an einer Reihe von Themen, die nicht notwendigerweise mit dem Unterrichten zu tun haben, hält Sie jung und geistig frisch.

Freizeitaktivitäten wie Sport oder andere Hobbies stellen ein wirkungsvolles emotionales Ventil und eine Möglichkeit der Selbstverwirklichung dar. Anspannungen und Frustrationen gehören zum Leben und sollten gezielt angegangen und abgebaut werden.

Zugleich achten Sie auf drei Warnzeichen, die Ihnen signalisieren, dass Sie Gefahr laufen auszubrennen:

1. Wenn Sie allzu nervös sind, stehen Ihnen möglicherweise ernsthafte Schwierigkeiten in der Klasse bevor. Innere Anspannung und das schlechte Gewissen, nicht genug zu leisten, können zu einem allgemeinen Gefühl der Unsicherheit führen, das sich dann auf die Klasse überträgt; auch die Schüler verlieren dadurch an Zuversicht und Selbstvertrauen. Es entwickelt sich ein Teufelskreis aus gegenseitiger Demotivation und Frustration.
2. Wenn Sie sich langweilen oder das Gefühl haben, nur noch routinemäßig zu handeln, ist die Gefahr groß, den Bezug zu den Schülern zu verlieren. Wenn das Berufsleben des Lehrers seinen Reiz verloren hat, leidet die Moral der ganzen Klasse darunter.

3. Wenn Sie feststellen, dass der Gedanke, morgens zur Schule zu gehen, Ihnen zuwider ist oder dass Sie nur noch mit Gereiztheit an Ihre Kollegen und Schüler denken, dann ist es nur eine Frage der Zeit, bis emotionale und körperliche Stressreaktionen auftreten. Wenn Sie unglücklich sind, wird es Ihnen schwerfallen, nach außen zufrieden und tolerant zu wirken. Kinder achten auf die Mimik ihrer Lehrer und entdecken Unaufrichtigkeit oft schneller als Erwachsene. Sie werden sie nicht lang täuschen können.

Wenn Sie die folgenden zehn Punkte beachten, werden Ihre Schüler positiv reagieren und es kann sich ein harmonisches Lernumfeld bilden:

1. Sie sind freundlich und verständnisvoll, aber konsequent.
2. Sie haben Selbstvertrauen, sind aufrichtig und können – wenn angemessen – mit Humor reagieren.
3. Ihre Unterrichtsstunden sind immer gut vorbereitet und zeitlich sinnvoll strukturiert.
4. Sie behandeln alle Ihre Schüler mit dem gleichen Respekt, hören sich ihre Ansichten an und nehmen Rücksicht auf ihre Gefühle.
5. Sie geben sich immer ermutigend, um das Selbstvertrauen Ihrer Schüler zu fördern oder wiederherzustellen. Sie unterscheiden zwischen Handlungsweise und handelndem Kind, um Ihre Beziehung zu den Schülern nicht zu schädigen. Sie missbilligen vielleicht, was ein Kind tut, nicht aber das Kind selbst. Verweigern Sie ihm niemals das Recht darauf, als Person respektiert zu werden.
6. Sie sind so unparteiisch wie möglich. Sie geben sich Mühe, sympathische, liebenswerte Kinder nicht zu bevorzugen und provozierende oder lernschwache Kinder nicht abzulehnen.
7. Sie können die Klasse als Ganzes für den Stoff interessieren, die Kinder aber bei Bedarf auch in Gruppen aufteilen, um die besten Lernbedingungen zu schaffen.

8. Sie ermutigen die Kinder dazu, sich an den Gruppendiskussionen zu beteiligen und gemeinsam nach Lösungen zu suchen. Sie bestimmen die Grenzen für das Verhalten, das Sie erwarten, und halten diese Grenzen mit wirkungsvollem und anregendem Unterricht aufrecht.
9. In den schriftlichen Arbeiten sind Sie nicht auf die Fehler fixiert, sondern betonen immer das Positive, indem Sie nur richtige Antworten kennzeichnen. Sie erkennen jede aufrichtige Anstrengung an.
10. Sie ernennen jede Woche neue Schüler, die für die Ordnung im Klassenzimmer verantwortlich sind, und sorgen dafür, dass sie sich die anfallenden Aufgaben und Arbeiten teilen.

Als gute partnerschaftlich-orientierte Lehrerin sprechen Sie nur dann, wenn es nötig ist, und machen nicht den klassischen Fehler der Unterrichtenden, zuviel zu reden. Sie wissen, dass Genörgel, Predigten, Kritisieren und das Wiederholen von Anweisungen vollkommene Zeitverschwendung sind. Wenn es um Disziplin geht, dann ist Ihnen klar, dass ruhiges Handeln grundsätzlich wirkungsvoller ist als viele Worte. In den Gruppendiskussionen können sich alle Ihre Schüler unbefangen äußern – hier üben sie ihre Ausdrucksfähigkeit, teilen ihre Ideen und Ansichten mit anderen, bringen ihre Kreativität zum Ausdruck und planen Aktivitäten in der Klasse.

Ihre Arbeitsweise ist demokratisch-partnerschaftlich geprägt und unterscheidet sich grundlegend vom traditionellen, autoritären Unterrichtsstil. Sie betrachten sich als Gruppenleiterin, nicht als allmächtige Alleinherrscherin. Ihr Tonfall ist nicht scharf, sondern freundlich. Kooperation erzielen Sie, indem Sie die Klasse beeinflussen, nicht indem Sie Forderungen stellen und Druck ausüben. Indem Sie Ihren Schülern Gedankenanstöße liefern, wecksen Sie ihren Spaß am lernen, statt ihnen Ihren Willen aufzuzwingen.

Ihnen liegt viel daran, das Kind anzuleiten und ihm zu helfen; Sie sind nicht darauf aus, es zu dominieren und zu bestrafen. Jedes Kind der Klasse ist eingeladen, einen Teil der Verantwortung in der Gruppe zu übernehmen; Sie beanspruchen nicht die alleinige Verantwortung und verlangen dafür den Gehorsam der Kinder. Indem Sie Vorschläge machen, helfen Sie ihnen, eigene Entscheidungen zu treffen. Mit all dem stimulieren Sie von innen, statt Druck von außen auszuüben.

Sie nehmen im Leben jedes Kindes eine entscheidende Stellung ein. Ihr Einfluss ist von Dauer. Nach den Eltern stehen Sie an oberster Stelle, wenn es darum geht, das Interesse des Kindes an Bildung und Ausbildung zu motivieren. Sie sind dafür verantwortlich, eine Atmosphäre zu schaffen, in der jeder Ihrer Schüler sich in seinen Einstellungen und Leistungen kontinuierlich weiterentwickeln kann.

▸▸▸ Das Selbstvertrauen des Kindes stärken

Bei der Erziehung unserer Kinder konzentriert man sich heute überwiegend auf die Fehler. Sowohl zu Hause als auch in der Schule werden sie einer Abfolge entmutigender Erfahrungen ausgesetzt. Alle Welt weist sie nicht nur darauf hin, was sie falsch gemacht haben, sondern auch darauf, was sie noch falsch machen könnten. Wir berauben unsere Kinder der einzigen Erfahrung, die ihnen wirklich zu Wachstum und Entwicklung verhelfen kann – der Erfahrung, ihre eigenen Stärken einsetzen zu können.

RUDOLF DREIKURS

Kinder wachsen in emotionaler und sozialer Hinsicht, nicht nur in körperlicher. Lehrern und Erziehern stehen Tabellen und andere Materialien zur Verfügung, in denen die Wachstumsstadien des Kindes dargestellt sind. Die Fortschritte im körperlichen Wachstum sind klar erkennbar; aber wir Pädagogen können uns selbst im Weg stehen, wenn wir den Fehler machen, das emotionale und soziale Wachstum auf die gleiche lineare Entwicklung einengen zu wollen, wie dies etwa bei Gesell und Piaget beschrieben wird.[4]

Veröffentlichungen zum Thema ›kindliche Entwicklung‹ können uns nur eine gewisse Vorbereitung auf bestimmte Verhaltensweisen und Reaktionen liefern und gerade diese Vorbereitung kann dazu führen, dass der Lehrer Reaktionen fördert, die das Kind vielleicht gar nicht beabsichtigte. Wir Lehrer können es sein, die ihm destruktive Worte in den Mund oder Gedanken in den Kopf legen. Kinder richten ihr Verhalten oft nach den Erwartungen aus, die sie seitens der Erwachsenen wahrzunehmen glauben. Stellt man sich das Kind als dumm vor, wird es sich dumm benehmen. Stellt man es sich als reif vor, wird es diesen Erwartungen gerecht werden.

Kahlil Gibran verstand Kinder vollkommen, als er schrieb:

> Deine Kinder sind nicht deine Kinder.
> Sie sind die Söhne und Töchter
> der Sehnsucht des Lebens nach sich selbst.
> Sie kommen durch dich,
> aber nicht von dir,
> und obwohl sie bei dir sind,
> gehören sie dir nicht.
> Du kannst ihnen deine Liebe geben,
> aber nicht deine Gedanken,
> denn sie haben ihre eigenen Gedanken.
> Du kannst ihrem Körper ein Heim geben,
> aber nicht ihrer Seele,
> denn ihre Seele wohnt im Haus von morgen,
> das du nicht besuchen kannst,
> nicht einmal in deinen Träumen.
> Du kannst versuchen, ihnen gleich zu sein,
> aber suche nicht, sie dir gleich zu machen.

Wir bieten eine einfache, aber wirkungsvolle Art, sich die kindliche Entwicklung vor Augen zu führen, indem wir vier Entwicklungsphasen unterscheiden:

1. Das Leben in der Familie vor dem Schuleintritt
2. Die Grund- und Mittelschuljahre
3. Das Stadium des Heranwachsens
4. Der Eintritt in die Erwachsenengesellschaft

Von der frühesten Kindheit an bemüht sich das Kind, sich durch die Methode von Versuch und Irrtum ein stimmiges Bild von der Welt zu verschaffen. Dabei wird es von den Menschen, die entscheidende Rollen in seinem Leben spielen, nicht nur beeinflusst, sondern es beeinflusst diese Menschen auch seinerseits. Das Kind ist dabei kein passiver Empfänger der Handlungsanweisungen anderer, sondern es spielt selbst eine ganz erhebliche Rolle bei der Gestaltung solcher Handlungsweisen. Es handelt sich hier also um eine Transaktion. So kann es zum Beispiel schon in den ersten Lebensmonaten des Kindes zu Verhätschelung und Verwöhnung durch die Eltern kommen und durch sein Verhalten kann das Kind diesen Erziehungsstil noch verstärken.

In der Familienphase entwickelt das Kind seine eigene Vorstellung von sich selbst in seinen Beziehungen zu und den Transaktionen mit Eltern und Geschwistern. So entsteht das, was Adler den »Lebensstil« des Kindes nennt.[5] In der Schule findet sich das Kind in einer Gemeinschaft mit Kindern aus anderen Familien wieder, von denen viele eine andere Sprache sprechen und aus Familien mit unterschiedlichen Wertvorstellungen stammen. Während das Kind heranwächst, wird diese Gruppe Gleichaltriger zu seiner Werte schaffenden Instanz. In diesem Lebensabschnitt haben manche Teenager Schwierigkeiten mit den kognitiven Fähigkeiten, finden zugleich aber neue Interessen und Ausdrucksformen in der Musik, der Kunst, dem Theater oder dem Sport. Wenn die weiterführende Schule für solche Aktivitäten genügend Raum bietet, können sich Schüler produktiv engagieren und die Disziplinprobleme lassen nach. Schulen, die mit Schülern und Eltern zusammenarbeiten und einen verbindlichen Katalog von Verhaltensregeln aufstellen, sind in der Regel demokratischer als andere und haben meist weniger Probleme mit Schulverweigerern.

Jeder Mensch, ob Erwachsener oder Kind, ist ein geselliges Wesen. Wir alle wollen dazugehören und unseren Platz in der Gruppe finden. Auch jede Handlung des Kindes stellt einen Versuch dar, diesen Platz zu finden. Manche Handlungsweisen akzeptieren wir als angemessen. Indem wir sie anerkennen, können wir das Kind davor bewahren, den Mut zu verlieren und zu nutzlosem oder destruktivem Verhalten überzugehen. Kinder sind ausgezeichnete Beobachter, haben aber Schwierigkeiten, das Gesehene richtig zu deuten. Sie verfolgen alles, was rings um sie herum vorgeht, ziehen ihre Schlussfolgerungen aus dem, was sie sehen, und suchen darin nach Leitlinien für ihr eigenes Verhalten. Das heranwachsende Kind lernt, an seiner inneren und äußeren Umgebung Veränderungen vorzunehmen. Die geistige Gesundheit jedes Menschen hängt von diesen Anpassungsmaßnahmen und von der Fähigkeit ab, mit Problemen umzugehen. Ein Kind, das in der Schule in einer ermutigenden Umgebung lebt, kann die nötigen Veränderungen mühelos vornehmen. Dagegen ist bei einem Kind, das in einer entmutigenden Umgebung lebt, die Wahrscheinlichkeit größer, dass seine Anpassungsmaßnahmen unangebracht ausfallen und es in der Folge zu psychischen Problemen kommt.

In seinen frühen Schriften erörtert Alfred Adler etwas, das er die »Minderwertigkeit der Organe« nannte; in diesem Zusammenhang beschreibt er die Art und Weise, wie das Kind aktiv auf eine ererbte Eigenschaft reagiert. Wird es mit einer bestimmten Schädigung geboren, dann behält das Kind entweder zeitlebens eine Schwäche auf diesem Gebiet oder es versucht sein Handicap auszugleichen, indem es auf irgendeine Art überkompensiert und vielleicht sogar eine besondere Begabung entwickelt. Ein Beispiel: Janina wurde mit einem Sprachfehler geboren und wird später zu einer gefeierten Rednerin bei öffentlichen Veranstaltungen. Was hat zu dieser Entwicklung geführt? Ihre Kreativität, Entschlossenheit und Disziplin. Es ist also nicht die Behinderung, die uns in unserer Entwicklung hemmt, sondern unsere Einstellung der Behinderung gegenüber. Auf die gleiche Art wird ein gesundes Kind mit einem Verhaltensproblem entweder überkompensieren oder das Gegenteil tun und ganz aufgeben.

In vielen Schulen werden Intelligenz- und Befähigungstests durchgeführt und die Ergebnisse den Lehrern zur Verfügung gestellt. Dies führt dazu, dass manche Lehrer sich allzu sehr von diesen Testergebnissen leiten lassen, obwohl sie unter Umständen vielleicht nicht einmal verlässlich sind. Die Folgen können schädlich sein, wenn die Lehrer auf der Grundlage solcher Testergebnisse zu viel oder zu wenig Leistung von den Schülern erwarten. Unsere Erwartungen provozieren nämlich erst das bestimmte Verhalten, die bestimmte Reaktion oder die Leistung eines Kindes.

Weil unsere Erwartungen einen tief greifenden Einfluss auf Kinder haben, ist es nur vorteilhaft für alle Beteiligten, jedes Kind als ein verantwortungsvolles menschliches Wesen von inhärentem Wert zu betrachten, das etwas zur Gemeinschaft beizutragen hat und unseren Respekt verdient. Mit dieser Einstellung verstärken wir als Lehrer unsere Absicht, das Potential eines Kindes zu fördern. Vor allem als Grundschullehrer sollte uns diese Förderung ein wichtiges Anliegen sein. Bis zum Alter von etwa zehn Jahren können Probleme in der Schule noch verhältnismäßig einfach beigelegt werden, wenn die Lehrer wissen, wie sie sie auf die in diesem Buch beschriebenen Arten angehen können. Die Schule kann zu jedem Zeitpunkt das Ihre dafür tun, um die Fähigkeiten, das Wissen und die Selbstachtung des Kindes zu stärken, aber die wirklich tief greifenden Einflüsse erfolgen in den Grundschuljahren.

Adler zufolge sollte kein Kind jemals als hoffnungsloser Fall betrachtet werden. Einem Kind, dem man das Gefühl gibt, ein Versager zu sein, nimmt man die Würde und den Selbstrespekt.

Wenn wir uns wirklich über den Einfluss im Klaren sind, den wir auf jeden unserer Schüler ausüben, dann sollten wir auch daüber nachdenken, dass wir ihnen mit unseren eigenen Einstellungen und Verhaltensweisen ein Vorbild sind (siehe Kapitel 7, »Konkurrenzdenken in der Klasse«):

Wenn ein Kind mit Kritik lebt, lernt es zu verurteilen.
Wenn ein Kind mit Feindseligkeit lebt, lernt es zu streiten.
Wenn ein Kind mit Spott lebt, lernt es schüchtern zu sein.
Wenn ein Kind mit Furcht lebt, lernt es ängstlich zu sein.
Wenn ein Kind mit Beschämungen lebt, lernt es, sich schuldig zu fühlen.
Wenn ein Kind mit Toleranz lebt, lernt es, Geduld zu haben.

Wenn ein Kind mit Ermutigung lebt, lernt es Zuversicht.
Wenn ein Kind mit Akzeptanz lebt, lernt es zu lieben.
Wenn ein Kind mit Zustimmung lebt, lernt es, sich selbst zu mögen.
Wenn ein Kind mit Anerkennung lebt, lernt es, ein Ziel zu haben.
Wenn ein Kind mit Aufrichtigkeit lebt, lernt es, was Wahrheit ist.
Wenn ein Kind mit Fairness lebt, lernt es Gerechtigkeit.
Wenn ein Kind mit Sicherheit lebt, lernt es, sich selbst und den Menschen seiner Umgebung zu vertrauen.
Wenn ein Kind mit Freundlichkeit lebt, lernt es, daß die Welt ein schöner Ort ist, an dem man leben, lieben und geliebt werden kann.

▸▸▸ Die vier Ziele kindlichen Fehlverhaltens: Wie wir sie erkennen und korrigieren

Wäre Kindererziehung so einfach, dass man nur ein gutes Beispiel zu geben braucht, dann kämen nicht so viele verantwortungslose Kinder aus Familien und Schulen, in denen die Eltern und Lehrer so verantwortungsvoll sind. Allzu oft ist das, was wir tun, um ein Kind zu korrigieren, verantwortlich dafür, dass sein Verhalten sich nicht bessert.

RUDOLF DREIKURS

In der Regel konzentrieren sich Psychologen und Therapeuten auf Kinder, die Probleme haben und deren Verhalten von der Norm abweicht, statt mit »normalen« Kindern zu arbeiten. Manchmal fragen wir uns, was genau eigentlich »normal« ist. Als Pädagogen wissen wir, dass es viele Spielarten von normalem Verhalten gibt, aber wir haben auch festgestellt, dass ein gut angepasstes Kind die meisten der folgenden Eigenschaften aufweist:

Das Kind

- ist sich seines eigenen Wertes bewusst,
- hat das Gefühl, dazuzugehören,
- hat sozial akzeptable Ziele,
- ist in der Lage, den Erfordernissen der Situation gerecht zu werden,
- denkt eher in Begriffen des »Wir« als nur des »Ich« (ein egozentrisches Kind ist entmutigt und braucht aktive Unterstützung),
- übernimmt Verantwortung,

- interessiert sich für andere,
- achtet die Rechte anderer,
- ist anderen gegenüber tolerant,
- kooperiert mit anderen,
- ermutigt andere,
- hat Zivilcourage,
- ist bereit zu teilen, statt sich nur dafür zu interessieren, wie viel es selbst bekommen kann,
- ist ehrlich,
- gibt sich aufrichtig Mühe.

Sie werden vielleicht entsetzt sein, wenn Sie Ihre Schüler jetzt im Licht dieses idealen Eigenschaftenkatalogs betrachten, aber Sie brauchen nicht entmutigt zu sein; Kinder können dazu erzogen werden, ihre angeborene Fähigkeit zum Einsatz für die Gemeinschaft zu kultivieren und Verhaltensweisen zu entwickeln, die dem Wohl aller dienen.

▸▸▹ Die Ziele hinter dem Fehlverhalten

Wenn sich ein Kind normal entwickeln soll, dann sollte es ermutigt werden – von seinen Eltern, Lehrern, erwachsenen Angehörigen, Jugendgruppenleitern, Kirchenältesten, Nachbarn und allen Erwachsenen, mit denen es zu tun hat. Jeder erwachsene Mensch, der mit dem Kind in Kontakt kommt, kann ermutigend oder entmutigend wirken. Ein Erwachsener, der ein Kind entmutigt, ist ihm damit keine Hilfe und bei sensiblen oder bereits geschädigten Kindern kann er auf diese Weise sogar problematisches Verhalten auslösen.

Rudolf Dreikurs schrieb zusammen mit Don C. Dinkmeyer:

> »Ermutigung ist also … für die Entwicklung des Kindes unbedingt notwendig. Es entwickelt sich zu dem, wozu es ermutigt wird. Es kann allen, die Erziehungsaufgaben wahrnehmen, nicht deutlich genug gesagt werden, wie wichtig es ist, dem Kind zu seiner opti-

malen Entwicklung innerhalb seiner sozialen Grenzen zu verhelfen. Ermutigung regt das Kind an, sein Bestes zu geben; es hilft ihm, seine Fähigkeiten überhaupt als solche zu erkennen. Der Entwicklungsvorgang geht also über bloßes Vertrauen und Glauben an das Individuum hinaus. Er erfordert die Fähigkeit, das Vertrauen und den Glauben in die Tat umzusetzen. Auch wenn ein Kind in seinen Leistungen nicht perfekt ist, sollte man ihm Anerkennung zollen, denn dadurch wird sein Selbstvertrauen und der Glaube an seine Fähigkeiten gestärkt und seine Entwicklung gefördert.«

»Wir sollten uns begreiflich machen, dass ein Kind, das sich schlecht benimmt, lediglich ein entmutigtes Kind ist, das seinen Platz zu finden versucht. Es handelt nach der Fehleinschätzung, sein Verhalten würde ihm die Anerkennung durch andere verschaffen, die es sich wünscht.

Wir sollten es vermeiden, ein Kind für sein Fehlverhalten zu kritisieren, denn mit unserer Kritik würden wir lediglich Feindseligkeit hervorrufen. Ein feindseliges Kind lernt nicht, sein Verhalten zu modifizieren; im Gegenteil, es setzt seine Gefühle ein, um den Lernprozess zu blockieren. Wenn wir die Beziehung zu dem Kind freundlich halten, können wir die Motive oder irrigen Einschätzungen herausfinden, die seinem Verhalten zugrunde liegen, und diese korrigieren.»[6]

Wir sollten uns klar machen, dass ein Kind, das sich schlecht benimmt, lediglich ein entmutigtes Kind ist, das seinen Platz zu finden versucht. Es handelt nach der Fehleinschätzung, sein Verhalten würde ihm die Anerkennung durch andere verschaffen, die es sich wünscht.

Wenn wir erst einmal wissen, worauf das Kind mit seinem Verhalten wirklich hinaus will, können wir wirkungsvolle Korrekturmethoden anwenden. Lediglich das Verhalten selbst zu korrigieren reicht nicht aus; wir müssen die zugrunde liegenden Überzeugungen korrigieren. Dies ist bei jüngeren Kindern vergleichsweise einfach und am einfachsten ist es bei Kindern im Vorschulalter. Aber Lehrer können allen Kindern bis zum Alter von zehn Jahren helfen, ihre Einstellungen zu ändern. (Diese Methoden reichen bei älteren Schülern nicht immer aus und bei Teenagern sind andere Vorgehensweisen nötig. Beachten Sie in diesem Zusammenhang auch *Coping with Teenagers in a Democracy* von Pearl Cassel und Raymond Corsini in Anhang B, Weiterführende Literatur.)

In unserer Kultur haben kleine Kinder kaum Gelegenheit, auf sinnvolle Weise zum Wohl der Familie beizutragen. Die Erwachsenen und vielleicht auch die älteren Geschwister erledigen alles, was erledigt werden muss, und dem kleinen Kind bleiben wenige Möglichkeiten, zu helfen und sich nützlich zu machen. Für Kinder, die auf Bauernhöfen aufwuchsen, war dies einfacher – früher gab es viele Aufgaben, die sie übernehmen konnten und die ihnen das Gefühl gaben, dass ihr Beitrag zum Familienleben wertvoll und relevant war. In unserer modernen, wohlhabenden und verstädterten Gesellschaft tragen viele Kinder nichts zum Wohl anderer Menschen bei und diejenigen, die regelmäßige Aufgaben zu erledigen haben, lassen sich oft entmutigen, wenn sie ihre ungeschickten Bemühungen mit der raschen, effizienten Arbeit von Erwachsenen oder älteren Geschwistern vergleichen. Wenn dann noch beide Eltern berufstätig sind und auf dem Heimweg fertig zubereitetes Essen mitbringen, haben die Kinder kaum Gelegenheit, auch nur bei der Vorbereitung des Abendessens zu helfen, um sich bedeutsam fühlen zu können.

▶▶▷ Die vier Ziele des Fehlverhaltens

Nachdem er Tausende von Kindern beobachtet und viele Varianten von inakzeptablem Benehmen differenziert hatte, identifizierte Rudolf Dreikurs die folgenden vier möglichen Ziele, die Kinder mit ihrem Verhalten zu erreichen versuchen: 1. Aufmerksamkeit, 2. Macht, 3. Rache und 4. der Eindruck von Unfähigkeit.[7]

Viele Versuche, weitere Ziele zu identifizieren, sind bisher gescheitert. Die vier, die wir hier genannt haben, sind »falsche«

Ziele, weil die Kinder von falschen Annahmen ausgehen. Man muss im Gedächtnis behalten, dass gewisse Verhaltensweisen mancher Kinder auf Erwachsene vollkommen akzeptabel wirken können, etwa wenn ein Kind dem Lehrer gegenüber die Rolle des kleinen Helfers übernimmt. Ein solches Verhalten kann aber auf ein wenig wünschenswertes Ziel ausgerichtet sein, und man muss die Beweggründe verstehen, statt nur das Verhalten selbst zu betrachten. Das Kind, das nur »hilft«, um Aufmerksamkeit auf sich zu ziehen, wird möglicherweise damit aufhören, sobald die Aufmerksamkeit ausbleibt. Dagegen wird ein Kind, das »hilft«, um etwas Positives beizutragen, auch weiterhin helfen, selbst wenn sein Verhalten einmal nicht mit Aufmerksamkeit belohnt wird. Der Wunsch, etwas beitragen zu wollen, ist das angemessene Motiv für die Hilfsbereitschaft des Kindes und die Motive für Fehlverhalten sollten durch dieses Ziel ersetzt werden.

Die vier falschen Ziele beschreiben also, was das Kind durch sein Fehlverhalten zu erreichen versucht. Sie sind aber auch deshalb »falsch«, weil das entmutigte Kind irrigerweise annimmt, mit dem Erreichen seines Ziels würde ein Gefühl der Zugehörigkeit einhergehen. Wenn Kinder zum Beispiel nach Aufmerksamkeit streben, glauben sie, durch diese Aufmerksamkeit »wertvoll« zu werden und »dazuzugehören«. Ein weiterer Aspekt ist, dass auch die zugrunde liegende Annahme des Kindes, nicht von sich aus wertvoll zu sein und dazuzugehören, falsch ist. Alle Kinder sind als Menschen wertvoll. Ihr Verhalten mag ohne konstruktiven Nutzen sein, aber jedes Kind hat seinen eigenen, inhärenten Wert.

Wenn man die falschen Ziele durch den Wunsch ersetzt, zum Wohlergehen der Gruppe beitragen zu wollen, dann gibt man dem Kind die Möglichkeit, ein respektvolles, kooperatives und konstruktives Verhalten zu entwickeln, das auf seinem angeborenen Bedürfnis nach Teilhabe und Zugehörigkeit beruht.

Es folgen einige Methoden, eher das jeweils angestrebte Ziel zu korrigieren als das Verhalten selbst. Wenn die Motivation sich ändert, folgt das konstruktivere Verhalten von selbst. Wenn Sie diese Methode verwenden wollen, müssen folgende Schritte eingehalten werden:

1. Beobachten Sie das Verhalten des Kindes aufmerksam.
2. Bleiben Sie auch Ihrer eigenen Reaktion gegenüber wachsam.
3. Konfrontieren Sie das Kind der Reihe nach mit den vier möglichen Zielen und hören Sie aufmerksam zu, während Sie seine Reaktionen beobachten.
4. Achten Sie auf den Wiedererkennensreflex.
5. Wenden Sie die entsprechenden Maßnahmen an.

Das erste Ziel: Aufmerksamkeit bekommen

Wenn das Kind keine Möglichkeit sieht, sich durch nützliche Beiträge einen Status in der Klasse zu erwerben, versucht es auf andere Art Aufmerksamkeit auf sich zu ziehen. Die fehlerhafte Logik lautet: Nur wenn andere mir Aufmerksamkeit schenken, fühle ich mich zugehörig und habe einen Platz in der Welt.

Das Kind kann nicht wissen, dass diese Art von Aufmerksamkeit ihm nicht helfen wird, Selbstvertrauen oder Eigenständigkeit zu entwickeln. Stattdessen entwickelt es in seinem falsch verstandenen Versuch, »dazuzugehören« und sich seinen Platz zu sichern, einen immer größer werdenden Drang nach mehr Aufmerksamkeit.

In der Regel versucht ein solches Kind zunächst, seinen Platz mit konstruktiven und sozial akzeptablen Methoden zu finden. Vielleicht liefert es witzige Kommentare oder gewöhnt sich kleine Kunststücke an. Oft erweckt es den Eindruck einer gewissen Brillanz und entzückt damit Eltern und Lehrer. Was also soll daran falsch sein? Es ist die Tatsache, dass die Absicht hinter all dem nicht ist, zu lernen oder zu kooperieren, sondern dass das Kind sich hervortun und das Augenmerk auf sich ziehen will. Dies wird offenkundig, wenn Lob und Anerkennung ausbleiben – dann hört das »gute« Verhalten auf.

Aufmerksamkeitssuchendes Verhalten kann konstruktiv oder destruktiv, aktiv oder passiv ausfallen. Aktiv-konstruktiv ist es bei Kindern, die »Erster« oder perfekt sein wollen und hart arbeiten, um sich Anerkennung für ihre Arbeit zu erwerben. Kinder mit dieser Vorgehensweise werden oft mit Lob, Belohnungen und Preisen überschüttet und in aller Regel gelten sie als Musterschüler und keineswegs als Kinder, die »Fehlverhalten« zeigen. Wenn aber das Ziel einfach die Überlegenheit über andere ist, dann fühlt sich das Kind nicht durch die Aufgaben selbst oder durch die Möglichkeit zur Teilhabe motiviert. Stattdessen geht es ihm um seine besondere Position. Wenn die erwarteten Belohnungen oder das Lob ausbleiben, kann ein solches Kind schnell entmutigt reagieren und (wenn es noch klein ist) entweder zu einem passiv-destruktiven Verhalten übergehen oder, was häufiger geschieht, destruktivere Methoden anwenden, um Aufmerksamkeit zu erregen. Oft ziehen diese Kinder die Schlussfolgerung: »Wenn ich nicht der Beste sein kann, werde ich eben der Schlechteste«, und wenn sie nicht den ersten Platz erkämpfen können, verlegen sie sich auf möglichst negative Verhaltensweisen.

Die passiv-konstruktive Vorgehensweise äußert sich in weniger energischen Methoden der Aufmerksamkeitserregung. Manchmal wird ein solches Kind Lehrers kleiner Liebling. Seine Eigenschaften können sozial durchaus akzeptabel wirken, vor allem wenn es ein Mädchen ist. Die »Prinzessin« rührt andere durch ihre Zerbrechlichkeit und erreicht auf diese Art Aufmerksamkeit und zuvorkommendes Verhalten von ihren Mitmenschen – ohne selbst irgendetwas leisten zu müssen.

Das Bedürfnis nach Aufmerksamkeit nimmt jedoch zu. Früher oder später sind viele Kinder nicht mehr zufrieden mit dem, was sie durch sozial akzeptable (konstruktive) Methoden erreichen können; sie werden entmutigt und gehen zu destruktiven Verhaltensweisen über.

Die aktive Form des destruktiven Bemühens um Aufmerksamkeit erscheint in den Tabellen 2 und 3 am Ende dieses Kapitels als »Störenfried«. Varianten sind der »Angeber«, von dem man irgendwann genug hat, der »Klassenclown«, der anderen auf die Nerven geht, der »Unruhestifter«, das »verwöhnte Balg« und das Kind, das seine Lehrer mit seinen ständigen Fragen auf Trab hält – nicht etwa, weil es wirklich Auskunft haben möchte, sondern damit andere sich pausenlos mit ihm beschäftigen müssen.

Wenn der Typ des »reizenden« Kindes bei seinen anfänglichen Versuchen, auf passive Art den Lehrer für sich zu gewinnen, entmutigt wird, geht er meist zur anderen Methode über und wird auf passive Art destruktiv. Solange es darum geht, zusätzliche Aufmerksamkeit und Dienstleistungen zu erreichen, ordnen wir das Kind in der Tabelle unter dem Überbegriff »Faulheit« ein. Diese Kinder bringen es fertig, andere für sich arbeiten zu lassen, indem sie sich »ungeschickt« geben. Die Erwachsenen müssen ihnen »helfen«, und weil Kinder beim Manipulieren Erwachsener meist sehr viel geschickter sind als umgekehrt, lassen die Erwachsenen sich oft einspannen. Also erinnern und schmeicheln wir, räumen hinter ihnen her, ermutigen sie, wann immer sie Furcht zeigen, und verhalten uns Ihnen gegenüber ganz allgemein auf eine Art, die ihnen den falschen Glauben an ihre eigene Unfähigkeit nur weiter bestätigt.

Für ein Kind, dessen wichtigstes Bedürfnis die Aufmerksamkeit anderer ist, ist das Ignoriertwerden unerträglich. Eher wird es Strafen, sogar Schmerzen und Demütigungen hinnehmen, wenn dies bedeutet, dass es auf diese Weise die zusätzliche Aufmerksamkeit bekommt, nach der es sich sehnt. Ein Lehrer, der sich auf dieses Spiel einlässt, wird zum Spielball des Kindes; er tadelt, drängt, erinnert, gibt ständig Ratschläge und liefert dem Kind Extrawürste. Irgendwann wird er ärgerlich auf das Kind. Selbst wenn der Schüler sich die Aufmerksamkeit mit sozial akzeptierten Methoden verschafft, dürfte der Lehrer gelegentlich das Gefühl haben, dass ihm hier zu viel abverlangt wird. Indem er sich auf die, wie er glaubt, »natürliche« Art verhält, bestärkt er das Kind nur in seiner fehlerhaften Logik und seiner falschen Zielsetzung.

Was kann der Lehrer also tun?

Er muss das von dem Kind angestrebte Ziel ändern – von der Sonderrolle und der Selbsterhöhung, die es erreichen will, zu Kooperation, Teilhabe und dem Erledigen von Aufgaben allein um der Befriedigung und Lernfreude willen. Er sollte dem Kind nur bei anderer Gelegenheit positive Aufmerksamkeit widmen und nicht gerade dann, wenn das Kind sie mit einem Verhalten, das nur seiner eigenen Eitelkeit dient, zu erregen versucht. Der Lehrer sollte sich darüber klar sein, dass ein aufmerksamkeitssuchendes Kind, selbst eins, das dabei konstruktive Methoden anwendet, bis zu einem gewissen Grad ein entmutigtes Kind ist. Jedes Fehlverhalten korrigiert man daher mit Ermutigung (*nicht* damit, dass man es lobt). Die Aufgabe des Lehrers besteht darin, dem Kind konstruktives Verhalten nahe zu bringen, damit es seinen Platz finden kann, indem es einen nützlichen Beitrag für die Gruppe liefert. Mit anderen Worten, er sollte dem Kind dabei helfen, sein »soziales Interesse« zu entwickeln, statt ihm persönliche Aufmerksamkeit zu widmen.

Das scheue Kind kann auf ähnliche Art zu einem aktiveren Verhalten ermutigt werden. Wenn man seine Versuche ignoriert, durch Passivität Aufmerksamkeit auf sich zu ziehen – ganz gleich, wie charmant oder wie provozierend es dabei sein mag –, und stattdessen jede aktive Anstrengung ermutigt, wird es seine Vorgehensweise ändern. Damit regt man es dazu an, sein Bestes zu geben, ohne dass ständig Aufmerksamkeit, Lob oder Anerkennung gespendet werden müssen.

▶▷▷ *Das zweite Ziel: Macht haben*

Wenn Eltern und Lehrer der Forderung nach unangemessener Aufmerksamkeit nicht mit den richtigen Methoden begegnen, wird das Kind machtgierig. Das machtgierige Kind will »Boss« sein; es handelt nach der falschen Überzeugung: »Wenn ihr mich nicht tun lasst, was ich will, dann liebt ihr mich nicht«, oder: »Ich zähle nur, wenn ihr tut, was ich will«. In vieler Hinsicht ähnelt das Machtstreben der destruktiven Variante des Strebens nach Aufmerksamkeit, aber es wird nachdrücklicher betrieben.

Der aktive Typ, in Tabelle 2 am Ende dieses Kapitels als »Rebell« bezeichnet, streitet, widerspricht, lügt, hat möglicherweise Wutanfälle, weigert sich, zu tun, was von ihm verlangt wird, behält verbotene Handlungsweisen bei, verweigert die Arbeit und ist offenkundig ungehorsam. Wenn das Kind zum passiven Typ gehört, ist seine Faulheit noch ausgeprägter als bei Kindern mit dem Ziel, Aufmerksamkeit zu erlangen (Ziel Nr. 1); es arbeitet überhaupt nicht, »vergisst« Dinge wieder, wird bockig oder verlegt sich auf passiven Ungehorsam.

Lehrer reagieren auf das Machtstreben des Kindes manchmal mit dem Gefühl der eigenen Unzulänglichkeit: »Wer leitet diese Klasse eigentlich – dieses Kind oder ich?« Dann folgt der Vorsatz: »Das lasse ich ihr nicht durchgehen, so etwas lasse ich mir nicht gefallen!« Aber die Bemühungen, ein aufsässiges Kind unter Kontrolle zu bringen, bleiben in der Regel erfolglos. In der Mehrheit der Fälle gewinnt das Kind, und bleibt der Lehrer in dieser Auseinandersetzung tatsächlich Sieger, wird das Kind wahrscheinlich nur noch rebellischer und versucht sich zu rächen. Gewinnt der Lehrer heute, wird das Kind wahrscheinlich am nächsten Tag gewinnen. Einen wirklichen Sieg gibt es dabei nicht. Je länger der Machtkampf andauert, desto mehr ist das Kind davon überzeugt, dass Macht von Wert ist: Es wird in seiner irrigen Auffassung bestärkt, sich auf diese Weise seinen Platz sichern zu müssen.

Die Überlegungen des Kindes mögen einen Erwachsenen nicht überzeugen, kommen dem Kind aber vollkommen logisch vor. Es möchte nach wie vor dazugehören, auch wenn seine Vorgehensweise nicht dazu beiträgt, Freunde zu finden.

Was kann der Lehrer also tun, um dem Kind eine andere Sichtweise zu vermitteln? Er kann dem Schüler und dem Rest der Klasse gegenüber durchaus eingestehen, dass er Macht hat. Wenn der Lehrer sich auf einen Machtkampf einlässt, wird das Kind gewinnen, aber niemand braucht sich auf Machtkämpfe mit Kindern einzulassen. Viele tun es in dem Glauben, gewinnen zu können. Der Lehrer sollte dies von Anfang an vermeiden und sich aus solchen Konflikten heraushalten.

Eine mögliche Art, mit der Situation umzugehen, wäre es, den Ehrgeiz des machthungrigen Kindes anzuerkennen und seine Ambitionen in konstruktivere Bahnen zu lenken. Es könnte mit der Aufgabe vertraut werden, einem anderen Schüler zu helfen, oder eine andere verantwortungsvolle Position einzunehmen, die ihm in seinen eigenen Augen Prestige verleiht. (Leiten Sie es in diesem Fall an, damit es seine Stellung nicht missbraucht.) Statt dem Kind zu drohen, könnte der Lehrer es um seine Mithilfe bitten, etwa indem er sagt »Ich weiß, zwingen kann ich dich dazu nicht.« Auf diese Weise kann man die Auseinandersetzung entschärfen und vielleicht die Kooperation des Kindes erreichen. Ein Kind dieses Typs um Rat und Mithilfe zu bitten, ist viel wirkungsvoller als Drohungen auszusprechen. Wenn der Lehrer die Macht des Kindes und seine Fähigkeit, ihn zu besiegen, anerkennt, nimmt er dem Kind den Wind aus den Segeln: Jetzt hat es offensichtlich keinen Zweck mehr, den Machtkampf fortzusetzen.

Oft besitzen machthungrige Kinder die Fähigkeit und die nötige Energie, um Erwachsene zu Hause und in der Schule aus der Fassung zu bringen, und manchmal tun sie dies mit erheblichem Einfallsreichtum. Zugleich beweisen sie damit aber auch, wie viel sie erreichen könnten, wenn man ihre Kooperation für ein sozial verantwortliches Ziel gewänne. Wenn ein solches Kind sich bemüht, etwas beizutragen, statt einfach nach Macht zu streben, kann es für die Gruppe ungeheuer nützlich sein.

▶▷▷ *Das dritte Ziel: Rache üben*

Wenn sich ein Kind so entmutigt fühlt, dass es nicht mehr länger den Sieg im Machtkampf mit dem Lehrer anstrebt, tritt das dritte Ziel in den Vordergrund und das Kind versucht sich zu rächen.

Ein rachsüchtiges Kind ist so stark entmutigt worden, dass es den Eindruck hat, seinen Platz nur noch finden zu können, indem es andere in dem Maß verletzt, wie es selbst verletzt wurde. Es betrachtet das Leben und andere Menschen als zutiefst unfair. Es ist davon überzeugt, hoffnungslos unbeliebt zu sein, und will nun Gleiches mit Gleichem vergelten. Die Bemühungen seiner Lehrer, es eines Besseren zu belehren, werden mit tiefem Misstrauen aufgenommen. Weil das Kind ständig versucht, anderen die erlittenen Verletzungen heimzuzahlen, wirkt es nicht sehr liebenswert. Sein Verhalten ist gehässig und brutal. Es provoziert mit seinem Ungehorsam und läuft Gefahr, in die Jugendkriminalität abzurutschen, wenn es nicht sogar schon auffällig geworden ist. Das Kind erkennt die Schwächen anderer, die es als seine Feinde betrachtet, und nutzt sie aus. Den Ruf der Bösartigkeit betrachtet es als einen Sieg, denn andere Erfolge scheinen ihm nicht vergönnt zu sein. Das rachsüchtige Kind fügt Mitschülern, Tieren und Erwachsenen Schmerzen zu. Unter Umständen kratzt, beißt und tritt es. Es ist ein schlechter Verlierer und schmiedet augenblicklich Rachepläne, wenn es durch irgendwen besiegt wird – meist werden dazu noch üblere Methoden verwenden als zuvor.

Die Anführer von Jugendbanden sind in aller Regel darauf aus, sich an der Welt zu rächen – Rachsucht ist etwas, das man auch bei Jugendlichen und Erwachsenen findet, nicht nur bei Kindern. Solche Menschen betrachten die Gesellschaft als Ganzes als ihren Feind und oft haben sie für andere nur Verachtung übrig. Aber hinter dieser Fassade sind sie zutiefst entmutigte Menschen, die für sich selbst kaum noch Hoffnungen hegen. Meist sind sie aktive Typen, aber gelegentlich trifft man auch mürrische, trotzige Leute, die sich auf eine Art »wütender Passivität« verlegt haben; dieser Typ ist sogar noch demotivierter. Mit rachsüchtigen Kindern umzugehen ist sehr schwierig und viele von ihnen brauchen neben allem, was Lehrer oder Lehrerinnen tun können, die Hilfe von Experten. Sie zu bestrafen wird nur weitere Rebellionen nach sich ziehen und sollte deshalb vermieden werden. »Logische Konsequenzen« (siehe Kapitel 7, »Konkurrenzdenken in der Klasse: Pro und Contra«) sollten nicht eingesetzt werden, wenn das Kind in einem Machtkampf steckt (Ziel Nr. 2) oder Rache nehmen will (Ziel Nr. 3). Hauptanliegen des Lehrers sollte es sein, das Kind auf seine Seite zu ziehen und davon zu überzeugen, dass es bei anderen beliebt sein kann – auch bei seinen Mitschülern und Lehrern. Das wird nicht einfach sein, denn das Kind versucht mit seinem Verhalten ja gerade das Gegenteil zu beweisen. Ein rachsüchtiges Kind macht es anderen nicht leicht, es zu mögen oder ihm Zuneigung zu zeigen. Andererseits macht man das Problem nur schlimmer, wenn man es zurückweist, denn auf diese Weise bestätigt man ihm von Neuem, wie unfair das Leben und wie wenig liebenswert es selbst ist.

Diese Überzeugungen müssen widerlegt werden. Man kann die Klasse als Ganzes zur Unterstützung heranziehen; zugleich muss der Lehrer aber dafür sorgen, dass sich nicht die ganze Gruppe gegen das entmutigte Kind wendet. »Gute« Kinder versuchen sich oft mit dem Lehrer gegen das »böse« Kind zu verbünden; eine solche Situation muss vermieden werden. In Gruppendiskussionen *kann* wechselseitiges Verständnis entstehen, das dem Kind hilft. Manchmal kann der Lehrer die Hilfe eines anderen Schülers in Anspruch nehmen, der vielleicht ein gewisses Verständnis für das entmutigte Kind hat und sich bereit erklärt, dessen Freund zu werden. (Weitere Vorschläge finden Sie in Kapitel 13, »Häufige Probleme im Klassenzimmer und ihre Lösungen«.)

Unter allen Umständen sollte der Lehrer im Gedächtnis behalten, dass das rachsüchtige Kind sich zutiefst verletzt fühlt und aus diesem Grund andere verletzen will; er sollte versuchen, Mitgefühl und Verständnis zu empfinden und sich nicht von dem Kind kränken zu lassen.

Das vierte Ziel: den Eindruck der Unfähigkeit vermitteln

Das Kind, das seine eigene Unfähigkeit zur Schau stellt, hat sich selbst aufgegeben. Ein Kind, das mit passiv-destruktiven Methoden vergeblich versucht hat, Aufmerksamkeit zu erhalten und ein Gefühl der Zugehörigkeit zu empfinden, ist irgendwann so entmutigt, dass es sich bedeutungslos fühlt und nur noch weiteres Versagen und weitere Demütigungen erwartet. Dieses Kind glaubt nicht mehr daran, seinen Platz zu finden. Vielleicht nimmt es seine Haltung auch ein, um nicht wieder in Situationen zu geraten, die es in Verlegenheit bringen oder demütigen. Es hat so wenig Selbstachtung, dass es die letzten Reste davon sorgfältig hüten muss. Seine scheinbare Unfähigkeit dient ihm als Schutzschild; es wirkt geradezu »behindert« und vermeidet so alle Situationen, die seine Fähigkeiten auf die Probe stellen und in denen es »verlieren« könnte. (Es demonstriert einen Minderwertigkeitskomplex.)

Die Handlungsweise des Kindes wirkt »dumm« und es beteiligt sich kaum am Unterricht. Indem es mit allem und jedem überfordert zu sein scheint, sorgt es dafür, dass nichts mehr von ihm verlangt oder erwartet wird. Viele Kinder, die in Tests und durch ihr Verhalten geistig zurückgeblieben wirken, sind in Wirklichkeit durchaus fähig, dabei aber so entmutigt, dass sie schlechte Ergebnisse produzieren und danach als hoffnungslose Fälle behandelt werden. Sie können in Lerngruppen für Behinderte enden, obwohl sie von normaler oder sogar überdurchschnittlicher Intelligenz sind. Sie stellen sich mit Erfolg dumm. Manche von ihnen können geradezu scharfsinnig sein, setzen Ziel Nr. 4 aber in einem fehlgeleiteten Versuch ein, mit einer Welt zurechtzukommen, die ihnen extrem entmutigend vorkommt. Das Einnehmen einer Opferrolle und ständiger Pessimismus können Teil der Lebenseinstellung werden.

Es ist schwierig für den Lehrer, nicht auf die Provokation des Kindes – »Mit mir ist sowieso nichts anzufangen, also lass mich doch in Frieden« – einzugehen. Die natürliche Reaktion ist es, in solchen Fällen aufzugeben. Die Mutlosigkeit des Kindes wirkt ansteckend, aber es ist sehr wichtig, dass der Lehrer dieser Versuchung nicht nachgibt. Besonders viel Ermutigung muss diesem Kind entgegengebracht werden, vor allem, wenn es Fehler macht. Würdigen Sie die Anstrengungen und Leistungen des Kindes möglichst oft. Am besten gelingt dies, wenn der Lehrer aufrichtig davon überzeugt ist, dass es für das Kind Hoffnung gibt, und ihm vermittelt, dass er nicht aufgeben wird – auch wenn das Kind selbst aufgegeben hat.

Typen des Fehlverhaltens

Es mag auf den Lehrer überraschend wirken, dass ein Kind von einem Fehlverhaltens zum anderen wechselt. Wenn sich das Kind auf ein Verhalten verlegt, das noch destruktiver erscheint als das vorige, bedeutet dies wahrscheinlich, dass seine Mutlosigkeit zugenommen hat. Die vier Ziele beinhalten somit auch eine Zunahme der beim Kind wahrgenommenen Entmutigung.

Ein Kind, das Ziel Nr. 1 anstrebt, ist weniger entmutigt als ein Kind mit Ziel Nr. 2. Das angestrebte Ziel Nr. 2 bringt weniger Entmutigung zum Ausdruck als Nr. 3 und dieses wiederum weniger als Ziel Nr. 4. Wenn das Verhalten des Kindes sich verbessert, verändert es sich auch im Hinblick auf die angestrebten Ziele und das Gefühl zunehmender Ermutigung. Die genaue Abfolge kann dabei jeweils unterschiedlich sein – vielleicht geht das Kind von Ziel Nr. 3 zu Ziel Nr. 2, dann zu Nr. 1 und schließlich zu einem normalen Verhalten über. Ziel Nr. 4 kann sehr langsam zu Ziel Nr. 1 werden. Je mutloser das Kind anfangs ist, desto länger wird es dauern, in ihm ein Interesse an Kooperation und Teilhabe zu wecken. Ein Jahr kann dazu durchaus nötig sein.

Verhaltensänderungen, die die Zunahme kindlicher Entmutigung demonstrieren, laufen häufig folgendermaßen ab:

1. aktiv-konstuktives Streben nach Aufmerksamkeit, dann
2. aktiv-destruktives Streben nach Aufmerksamkeit, dann

3. aktiv-destruktives Machtstreben und schließlich
4. aktiv-destruktive Rachsucht.

oder

1. passiv-konstruktives Streben nach Aufmerksamkeit, dann
2. passiv-destruktives Streben nach Aufmerksamkeit und
3. angebliche Unfähigkeit.

Das Kind kann eine Phase der passiven Machtdemonstration durchmachen und manchmal auch eine ausgeprägte passive Rachsucht entwickeln, oder es kann von passiv-konstruktivem Streben nach Aufmerksamkeit zu demonstrierter Unfähigkeit übergehen.

Wenn der Lehrer erkennen will, welches Ziel das Kind verfolgt, sollte er sich fragen, was das Verhalten des Kindes zum Ausdruck bringt. Mit Hilfe der Tabellen am Ende dieses Kapitels können Lehrer die Verhaltensweisen ihrer Schüler besser einschätzen lernen.

Je jünger das Kind ist, desto einfacher ist es, in einer gegebenen Situation zu erkennen, welches Ziel verfolgt wird. Schüler im Teenageralter verstellen sich häufig und ihre Ziele sind nicht immer klar auszumachen. Bei Heranwachsenden kommen außerdem weitere Anliegen hinzu, wie etwa der Drang nach »Action«, Sex, Drogen und so weiter. Bis zum Alter von zehn Jahren dagegen überwiegen die vier aufgeführten Ziele und mit korrigierenden Maßnahmen auf der Grundlage von Verständnis und Ermutigung können sich die Anliegen und das Verhalten von Kindern manchmal sehr rasch ändern.

Wie können Sie als Lehrer oder Lehrerin das jeweilige Ziel identifizieren? Den vielleicht klarsten Hinweis auf das Ziel eines noch kleinen Kindes erhalten Sie, wenn Sie sich Ihre eigene unmittelbare Reaktion auf sein Verhalten genauer ansehen. Ihre Reaktion wird den Erwartungen des Kindes entsprechen:

- Wenn Sie sich gereizt fühlen, weist dies auf Ziel Nr. 1 hin – das Kind strebt nach Aufmerksamkeit.
- Wenn Sie sich besiegt oder bedroht fühlen, weist dies auf Ziel Nr. 2 hin – Macht.
- Wenn Sie sich verletzt fühlen, weist dies auf Ziel Nr. 3 hin – das Kind versucht sich zu rächen.
- Wenn Sie sich vollkommen ratlos fühlen, weist dies auf Ziel Nr. 4 hin – scheinbare Unfähigkeit.

Eine weitere Möglichkeit ist es, die Reaktionen des Kindes auf eine Ermahnung des Lehrers zu beobachten. Wenn das Kind Aufmerksamkeit will und sie auch erhält, wird es sein Fehlverhalten zeitweise einstellen und es später dann vermutlich wiederholen oder etwas Vergleichbares tun. Will es Macht, wird es sich weigern, mit seinem störenden Verhalten aufzuhören, und es vielleicht sogar noch steigern. Ist es auf Rache aus, wird seine Reaktion auf die Aufforderung des Lehrers darin bestehen, zu einem noch extremeren Verhalten überzugehen. Ein Kind mit Ziel Nr. 4 wird nicht kooperieren, sondern vollkommen passiv bleiben.

▸▸▹ Könnte es sein …?

Wenn die Lehrerin eine Vorstellung davon hat, was das Verhalten des Kindes zu bedeuten hat, sollte sie diese überprüfen und das Kind mit ihren Vermutungen konfrontieren. Zweck dieses Schrittes ist es, das Ziel bestätigt zu bekommen und es dann auch dem Kind mitzuteilen. Dies sollte in freundlichem Ton und ohne Kritik geschehen und niemals mitten in einem Konflikt. Von Interesse ist hier nicht, *warum* das Kind auf eine bestimmte Weise handelt, sondern zu welchem Zweck es so handelt. Beim »Warum« liegt das Augenmerk auf der Vergangenheit, während es beim »Zu welchem Zweck« um die Absichten des Kindes geht. An der Vergangenheit lässt sich nichts mehr ändern und deshalb wäre eine Diskussion über sie wenig sinnvoll. Die Absicht hinter dem augenblicklichen Verhalten des Kindes dagegen kann bestimmt werden und damit hat es auch die Möglichkeit, seine Zielsetzung zu ändern. Absichten sind Zukunftspläne. Mit der Anleitung durch die Lehrerin kann das Kind einen anderen Weg einschlagen.

Wenn Sie die Zielsetzung des Kindes zum gegebenen Zeitpunkt korrekt identifiziert haben, dann ruft dies einen »Erkennensreflex« hervor und der Gesichtsausdruck des Kindes wird Ihnen einen verlässlichen Hinweis auf seine Absichten liefern, auch dann, wenn das Kind selbst nichts oder sogar »Nein« sagt. Der Erkennensreflex kann ein kleines Lächeln, ein Augenzwinkern oder ein Muskelzucken sein. Manchmal ist er so offensichtlich, dass das Kind das Gesicht hinter den Händen versteckt oder in Gelächter ausbricht.

▸▸▹ Konfrontationstechniken

Wenn Sie der Klassenlehrer oder die Vertrauenslehrerin der Schule wären, dann könnte die Unterhaltung in der Gruppendiskussion mit der Klasse oder bei einem Gespräch unter vier Augen etwa folgendermaßen verlaufen:

LEHRER: Weißt du, warum du dies getan hast (welches Fehlverhalten es auch gewesen sein mag)?

SCHÜLER: Nein. (Auf der bewussten Ebene ist dies wahrscheinlich eine vollkommen ehrliche Antwort.)

LEHRER: Würde es dich interessieren? Ich habe da ein paar Ideen, die vielleicht helfen. Willst du sie dir anhören?

SCHÜLER: Okay. (In der Regel wird das Kind interessiert sein.)

LEHRER (Der Lehrer stellt die folgenden vier Fragen – immer nur eine auf einmal – in unemotionalem und nicht wertendem Ton):

1. Könnte es sein, dass du besondere Aufmerksamkeit haben möchtest?
2. Könnte es sein, dass du selbst entscheiden und Boss sein willst?

3. Könnte es sein, dass du andere so sehr verletzen willst, wie du dich selbst verletzt fühlst?
4. Könnte es sein, dass du einfach in Frieden gelassen werden willst?

Diese vier Fragen sollten immer gestellt werden und immer in dieser Reihenfolge, unabhängig von den Antworten und Reaktionen des Kindes, denn es kann sein, dass das Kind mehr als ein Ziel auf einmal verfolgt. Dabei beobachtet der Lehrer die Körpersprache des Kindes und horcht sehr genau auf seine Antworten, um den »Erkennungsreflex« nicht zu verpassen. Oft äußert er sich als eine plötzliche Veränderung in den Pupillen. Manchmal hilft dem Kind schon die Konfrontation selbst dabei, etwas zu ändern. Der nächste Schritt ist jetzt, dass der Lehrer das Ziel korrekt identifiziert und mit den hier empfohlenen Maßnahmen weitermacht. Dazu gehören zum Beispiel der Einsatz von Ermutigung oder logischen Konsequenzen; manchmal empfiehlt es sich auch, dem Kind einen Freund aus der Gruppe zur Seite zu stellen.

Alfred Adler hat dargelegt, dass es weniger wichtig ist, was uns zustößt, als vielmehr, wie wir das Zugestoßene empfinden. Wie bereits erwähnt sind alle Varianten des Fehlverhaltens bei Kindern das Resultat von Trugschlüssen, durch die sich ihre Sicht der Wirklichkeit äußert.

Wenn der Lehrer das Kind in eine freundliche Unterhaltung verwickelt und sich aufmerksam anhört, wie sich die Situation aus der Sicht des Kindes darstellt, wird er bereits einige Hinweise darauf erhalten, wie er dem Kind bei der Korrektur seiner fehlerhaften Interpretationen und bei der Suche nach angebrachteren Lösungen helfen kann. Auch Diskussionen innerhalb der Klassengemeinschaft können sehr hilfreich sein, wenn die Fehleinschätzungen eines Kindes zurechtgerückt werden sollen. (Siehe auch Kapitel 13, »Häufige Probleme im Klassenzimmer und ihre Lösungen«.)

Wenn sich der Lehrer auf die Provokationen des Kindes nicht

einlässt, logische und natürliche Konsequenzen statt Belohnungen und Strafen anwendet, sich wechselseitiger Respekt entwickelt und das Kind somit ermutigt wird, kann es seine falschen Ziele aufgeben und sein Fehlverhalten korrigieren.

Die Tabelle 3 am Ende dieses Kapitels soll zum Nachschlagen dienen und Ihnen bei der Entscheidung helfen, was Sie tun können, wenn Sie sich mit dem problematischen Verhalten eines Kindes konfrontiert sehen. Beobachten Sie zunächst das Verhalten und stellen Sie fest, wie häufig es vorkommt. Bleiben Sie aufmerksam Ihren eigenen Reaktionen und Gefühlen angesichts des Fehlverhaltens gegenüber. Beherrschen Sie sich; sagen oder tun Sie nicht das, was Sie im ersten Augenblick gern tun würden, sondern etwas anderes. So können Sie sich zum Beispiel aus dem Konflikt mit dem Kind zurückziehen. Wenn das Kind einen Wutanfall hat, entfernen Sie sich – oder das Kind – aus dem Raum, und zwar in aller Ruhe. Taten sind wirkungsvoller als Worte. Sie können auch einfach abwarten, bis der Wutanfall vorbei ist. Es ist einem wütenden Kind vollkommen unmöglich, jemandem zuzuhören, und meist wird der Wutanfall für ein Publikum inszeniert. Wenn das Publikum verschwindet, schwindet oft auch der Ärger.

Sie sollten das Kind erst später, etwa während der nächsten Gruppendiskussion, mit seinen Zielen konfrontieren. Bis dahin werden Sie aufgrund seines Verhaltens und Ihrer eigenen Reaktionen darauf vermutlich schon eine Vermutung haben, um welches Ziel es sich handelt (es kann durchaus auch mehr als eins sein).

Wenden Sie die vorgeschlagene Konfrontationsmethode an; stellen Sie die vier »Könnte es sein …«-Fragen und warten Sie auf den Erkennensreflex. Wenn Sie sich des Ziels sicher sind, verwenden Sie die in der Tabelle vorgeschlagenen Maßnahmen. Wenn Sie diese Maßnahmen geduldig anwenden, können Sie vielleicht schon nach kurzer Zeit vielversprechende Verbesserungen sehen. Selbst wenn Sie bereits bei einer der ersten Fragen einen Erkennensreflex sehen, sollten Sie immer alle vier Fragen stellen, um sicherzustellen, dass das Kind nicht mehr als ein Ziel verfolgt.

Selbst das mutloseste Kind kann von einem Lehrer, der weiß, was er tut, und mit der Unterstützung einer kooperativen Klasse ermutigt werden. Es kann dazu bewegt werden, zufrieden und mit Einsatz zu lernen, und sich mit dem Gedanken anfreunden, dass es seinen Platz in der Gruppe hat.

Tabelle 2: Die hinter kindlichem Fehlverhalten verborgenen Ziele im Überblick

Wachsendes soziales Interesse ↔ Schwindendes soziales Interesse				
Nützliches, sozial akzeptables Verhalten		**Nutzloses, sozial inakzeptables Verhalten**		**Unbewusstes Ziel**
Aktiv-konstruktiv	**Passiv-konstruktiv**	**Aktiv-destruktiv**	**Passiv-destruktiv**	
Erfolgshunger	**Charme**	**Störungen**	**Resignation**	**Unbewusstes Ziel Nr. 1: Aufmerksamkeit**
Macht »reizende« Bemerkungen Versucht zu brillieren, um gelobt und anerkannt zu werden Will bemerkt werden Macht »Kunststücke«, um Aufmerksamkeit zu erregen Ist besonders »brav« Ist fleißig Ist verlässlich (Wirkt möglicherweise wie ein Musterschüler; das Ziel ist aber Selbstbestätigung, nicht Kooperation)	Außergewöhnliche Nettigkeit »Musterkind« Kluge Aussprüche Übertriebene Gewissenhaftigkeit Exzessiver Charme »Prinzessin« (Diese Kinder sind oft »Lehrers kleiner Liebling«)	Der Angeber Der Klassenclown »Dauerfrager« »Enfant terrible« Unausgeglichenheit »Toughes« Gehabe Kleinere Störaktionen und Streiche	Schüchternheit Demonstriert Unfähigkeit Unausgeglichenheit Mangelndes Durchhaltevermögen Furchtsamkeit Sprachfehler Schlamperei »Gehenlassen« Mangelnde Ernsthaftigkeit Nervosität Essstörungen Unbefriedigende Leistungen	Versucht Beweise für seine Beliebtheit und seinen Status zu sammeln (bei Vorschulkindern sehr weit verbreitet) Stellt sein Verhalten vorübergehend ein, wenn es zurechtgewiesen wird bzw. Aufmerksamkeit erhält

Das gut angepasste Kind weist die meisten der folgenden Charakteristika auf: ■ achtet die Rechte anderer ■ ist anderen gegenüber tolerant ■ interessiert sich für andere ■ kooperiert mit anderen ■ ermutigt andere ■ besitzt Zivilcourage ■ ist sich seines eigenen Wertes bewusst ■ hat das Gefühl, dazuzugehören ■ hat sozial akzeptable Ziele ■ gibt sich aufrichtig Mühe ■ ist bereit zu teilen, statt sich nur dafür zu interessieren, wie viel es selbst bekommen kann ■ denkt eher in Begriffen des »Wir« als nur des »Ich«	**»Rebell«** Streitet Widerspricht Überschreitet immer wieder Verbote Wutanfälle Üble Angewohnheiten Unaufrichtigkeit Trödeln	**Bockigkeit** Faulheit Ungehorsam Vergesslichkeit	**Unbewusstes Ziel Nr. 2: Macht** Ähnelt dem destruktiven Streben nach Aufmerksamkeit, ist aber ausgeprägter Zurechtweisungen verstärken das Verhalten des Kindes noch
	Bösartigkeit Stehlen Bettnässen Gewalttätig und brutal (Anführer von Jugendbanden)	**Wütende Passivität** Missgelaunt Trotzig	**Unbewusstes Ziel Nr. 3: Rache** Verletzt andere mit Absicht Macht sich verhasst Fühlt sich stets ungerecht behandelt und übt Vergeltung
		Hoffnungslosigkeit »Dummheit« (gespielt) Trägheit Ungeschicklichkeit Minderwertigkeitskomplex	**Unbewusstes Ziel Nr. 4: In Ruhe gelassen werden** Vermittelt anderen den Eindruck der Unfähigkeit, damit er nicht am Wettbewerb teilnehmen muss

Diese Tabelle beschreibt die Verhaltensweisen entmutigter Kinder bis zum Alter von zehn Jahren. Ein Wechsel von Ziel Nr. 4 zu Nr. 3 (und so weiter) ist ein Zeichen dafür, dass sich die Einstellung des Kindes gebessert hat.

Tabelle 3: Kindliches Fehlverhalten korrigieren

Interpretation der vier falschen Ziele			Kinder bis zu zehn Jahren
Handlungsweise und Einstellung des Kindes	**Reaktionen des Lehrers/der Lehrerin***	**Diagnostische Fragen, die Sie stellen sollten****	**Maßnahme**
Störenfried	**Gereiztheit**	**Ziel Nr. 1: Aufmerksamkeit**	**Niemals dann Aufmerksamkeit liefern, wenn das Kind sie verlangt**
Angeber, Klassenclown, Faulpelz Lässt andere für sich arbeiten, hält den Lehrer auf Trab Glaubt: »Nur wenn ich die Aufmerksamkeit anderer habe, habe ich einen Platz.«	»Funktioniert«, erinnert und mahnt, lässt sich auf Trab halten, schmeichelt Denkt: »Er nimmt zuviel von meiner Zeit in Anspruch.« »Ich wünschte, sie gäbe mal Ruhe.«	A. »Könnte es sein, dass du willst, dass ich dich bemerke?« oder B. »Könnte es sein, dass du willst, dass ich etwas Besonderes für dich tue?«	Ignorieren Sie das Kind, das sich schlecht benimmt, um Ihre Aufmerksamkeit auf sich zu ziehen (Bestrafen, Nörgeln, Drauf-Einlassen und gute Ratschläge sind alles Formen der Aufmerksamkeit) Lassen Sie sich keine Gereiztheit anmerken. Bleiben Sie fest Zeigen Sie dem Kind bei anderen Gelegenheiten Aufmerksamkeit
Bockigkeit Widerspricht, will »Boss« sein, Wutanfälle, Lügen, Ungehorsam, tut das Gegenteil des Vorgegebenen, arbeitet wenig oder gar nicht Sagt: »Wenn ihr mich nicht machen lasst, was ich will, liebt ihr mich nicht.« Glaubt: »Ich zähle nur, wenn ich machen kann, was ich will.«	**Fühlt sich herausgefordert** Führungsrolle des Lehrers ist in Gefahr Empört sich: »Das kann er nicht mit mir machen.« »Wer leitet diese Klasse eigentlich – sie oder ich?« »Das lasse ich nicht durchgehen.«	**Ziel Nr. 2: Macht** A. »Könnte es sein, dass du mir zeigen willst, dass du machen kannst, was du willst, und niemand dich daran hindern kann?« oder B. »Könnte es sein, dass du hier der Boss sein willst?«	**Weder streiten noch nachgeben** Anerkennen Sie, dass das Kind Macht besitzt Gestehen Sie dem Kind in Situationen Macht zu, in denen es sie produktiv einsetzen kann Vermeiden Sie Machtkämpfe Ziehen Sie sich aus dem Konflikt zurück Nehmen Sie dem Kind den Wind aus den Segeln Bitten Sie um seine Mithilfe Respektieren Sie das Kind Treffen Sie Abmachungen

Stiehlt, ist missgelaunt, trotzig Fügt Tieren, Mitschülern und Erwachsenen Schmerzen zu Versucht andere zu verletzen, weil es sich selbst verletzt fühlt Tritt, beißt und kratzt Schlechter Verlierer Potentielle Jugendkriminalität Glaubt: »Meine einzige Hoffnung besteht darin, es denen heimzuzahlen.«	Wütend, Abneigung gegen das Kind, Vergeltungsmaßnahmen (Dauerkonflikt) Denkt: »Wie kann er nur so widerlich sein?« »Wie zahle ich ihr das heim?«	A. »Könnte es sein, dass du mich und die Schüler dieser Klasse verletzen willst?« oder B. »Könnte es sein, dass du es jemandem heimzahlen willst?«	Verhalten Sie sich nicht, als seien Sie verletzt Wenden Sie natürliche Konsequenzen an (mit Strafen provozieren Sie nur weitere Rebellion) Tun Sie das Unerwartete Überzeugen Sie das Kind davon, dass Sie es mögen Setzen Sie Ermutigung durch die Gruppe ein Rekrutieren Sie einen Freund für das Kind Versuchen Sie das Kind davon zu überzeugen, dass es gemocht wird
Hoffnungslosigkeit	**Hilflosigkeit**	**Ziel Nr. 4: Eindruck von Unfähigkeit**	**Ermutigung, wenn das Kind Fehler macht**
»Dumme« Verhaltensweisen, Minderwertigkeitskomplex, Aufgeben, versucht in Frieden gelassen zu werden, beteiligt sich kaum Sagt: »Mit mir kannst du nichts anfangen.« Denkt: »Ich will nicht, dass jemand merkt, wie unfähig ich bin.«	Resignation, »mit der Weisheit am Ende« Denkt: »Ich wüsste nicht, was ich da noch machen kann.« »Ich geb's auf.« »Mit dem ist wirklich nichts anzufangen.«	A. »Könnte es sein, dass du in Ruhe gelassen werden willst?« oder B. »Könnte es sein, dass du dir dumm vorkommst und nicht willst, dass andere Leute es merken?«	Sorgen Sie dafür, dass es sich gewürdigt fühlt Zeigen Sie sich erfreut, wenn es sich Mühe gibt Sagen Sie »Ich gebe nicht auf, auch wenn du es tust.« Vermeiden Sie es, sein Gefühl von Minderwertigkeit zu bestätigen Bleiben Sie konstruktiv Sichern Sie sich die Kooperation der Klasse und einzelner Helfer Vermeiden Sie es, sich selbst entmutigen zu lassen

* Diese Reaktionen dürfen nicht offen gezeigt werde, denn die »natürliche« Reaktion in dieser Situation würde das Kind nur in seinem Ziel bestärken (Ausnahme: Ziel Nr. 2).

** Alle vier Fragen müssen in dieser Reihenfolge gestellt werden, selbst wenn Sie bereits zu wissen glauben, welches Ziel das Kind verfolgt. Ändern Sie auch den Wortlaut nicht ab.

▸▸▸ Die Lehrer-Eltern-Sprechstunde

Niemand wäre besser dafür geeignet, Eltern bei ihren schwierigen Erziehungsaufgaben zu unterstützen, als Lehrer, die mit den effektiven Methoden vertraut sind, mit denen man Kinder positiv beeinflussen kann.

Rudolf Dreikurs,
»Psychologie im Klassenzimmer«

Eltern und Lehrer können dem Kind mit Kooperation und wechselseitigem Verständnis zur Seite stehen. Oft hat es seine Vorteile, wenn das Gespräch zwischen Eltern und Pädagogen bei dem Kind zu Hause stattfindet, denn hier kann der Lehrer oder die Lehrerin das häusliche Umfeld und den Umgang des Kindes mit seinen Angehörigen in Augenschein nehmen. Wo das Treffen auch stattfindet, Ziel des Gesprächs ist es, folgende Aspekte zu klären:

- die häusliche Situation des Kindes
- die in der Familie hochgehaltenen Werte
- die Art und Weise, wie die Familie das Kind behandelt
- die Erwartungen der Eltern
- die Position, die das Kind in der Familie einnimmt
- die Beziehungen des Kindes zu Geschwistern und Freunden.

Wenn Lehrer die häusliche Situation der Kinder kennen, sind sie besser in der Lage, den Eltern bei der Beilegung von Konflikten mit ihren Kindern zu helfen. Wenn Eltern und Lehrer miteinander reden, entsteht eine Verbindung zwischen den beiden Lebensbereichen des Kindes, dem häuslichen und dem schulischen. Durch Kooperation der beiden Seiten kann sehr viel wirkungsvollere Unterstützung geboten werden als in einer Situation, in der die Parteien unter Umständen verschiedene Ansätze vertreten. Je besser die beiden Seiten sich verstehen, desto weniger wird das Kind sein Zuhause und die Schule gegeneinander ausspielen können. Als Lehrerin hat Pearl Cassel Eltern-Studiengruppen zu sich nach Hause eingeladen und ihnen geholfen, das Fehlverhalten ihrer Kinder zu verstehen und zu korrigieren.

Im Gespräch mit den Eltern bieten sich Lehrern viele Möglichkeiten, indirekt an wichtige Informationen zu kommen – die Einstellungen der Familie ganz allgemein, die Vorstellungen der Eltern von Disziplin, die Pflichten, die dem Kind in der Familie eventuell übertragen wurden, und wenn dies der Fall ist, ob es sie freiwillig erledigt oder dazu überredet und »gebracht« werden muss. Im letzteren Fall – auf welche Weise und mit wie viel Erfolg erreichen die Eltern dies? Kann man sich darauf verlassen, dass das Kind seine Hausaufgaben eigenständig erledigt und sich die Zeit selbst einteilt? Das Kind, dessen Ziel die Teilhabe an der Gemeinschaft ist, akzeptiert Verantwortung – etwa bei der Mithilfe im Haushalt und bei den Hausaufgaben. Es braucht nicht ständig erinnert zu werden. Wenn Eltern und Lehrer zusammenarbeiten, um dem Kind bei der Übernahme von Verantwortung zu helfen, entwickelt es gute Arbeitsgewohnheiten im Haus und in der Schule.

Die Eltern wiederum können in der Sprechstunde vom Lehrer erfahren

- wie sich ihr Kind in der Schule verhält, ob es ein falsches Ziel verfolgt und, wenn dies der Fall ist, welches Ziel es ist und welche Gegenmaßnahmen der Lehrer anwendet,
- wie der Lehrer die Leistung des Kindes einschätzt,
- welche Hoffnungen und Erwartungen er in Bezug auf das Kind hegt,
- die in der Schule geltenden Regeln ebenso wie die Regeln, die der Lehrer (oder noch besser die Klassengemeinschaft) aufgestellt hat,
- das Klassenprogramm allgemein.

Wenn eine Lehrerin die Eltern eines Kindes in die Schule einlädt, sollte sie ihm versichern, dass der Brief keine »schlechten« Informationen über das Kind enthält, sondern wirklich nur eine Einladung ist. Das Kind sollte wissen, dass die Eltern in die Sprechstunde eingeladen werden, um die Dinge für alle Beteiligten angenehmer zu machen, nicht um ihm das Leben schwer zu machen. Manchmal kann auch das Schulkind selbst eingeladen werden, an einem Teil der Sprechstunde teilzunehmen.

Vor dem Treffen mit den Eltern kann sich die Lehrerin eine vorläufige Liste der Themen machen, die sie gern ansprechen würde, und ein paar Arbeitsproben des Kindes heraussuchen, etwa Zeichnungen, Geschichten oder ein Arbeitsheft. Es ist wichtig, dass einige dieser Arbeitsproben anerkennende Kommentare rechtfertigen. – Anmerkung: Wenn solch eine Probe absolut nicht zu finden ist, kann die Lehrerin stattdessen von einer Gelegenheit erzählen, bei der das Kind etwas Hilfreiches getan hat – jedes Kind hat irgendeine Stärke. Auch von Dingen, die das Kind gern tut, sollte sie erzählen, sei es Musizieren, Rätselraten, das Gießen der Grünpflanzen, das Ausführen von Botengängen, anderen Kindern Hilfestellung geben oder das Verteilen von Arbeitsblättern.

Das Gespräch sollte auf ungezwungene und einleitende Art begonnen werden. Eine Möglichkeit wäre, die Eltern zu fragen, wie sie über die schulischen Fortschritte des Kindes denken. Hilfreich ist es auch, ihnen zu erklären, zu welchem Zweck sie überhaupt eingeladen wurden: um Gedanken und Informationen auszutauschen, die dem Kind weiterhelfen können.

Während des Gesprächs sollte die Lehrerin sich erkundigen, wie die Eltern über das Klassenprogramm und über seine Auswirkungen auf ihr Kind im Besonderen denken und was sie von der Schule selbst halten. Dabei sollte sie mehr auf spezifische Informationen als auf allgemeine Überlegungen zielen.

Ziel des Treffens ist es, zwischen Eltern und Pädagogen Vertrauen und wechselseitigen Respekt aufzubauen, und deshalb ist es sehr wichtig, niemanden in die Defensive zu drängen. Wenn ein Vater oder eine Mutter negative Bemerkungen über die Schule macht, statt über das eigene Verhalten zu reflektieren, kann die Lehrerin sich erkundigen, wie der Elternteil zu diesen Ansichten gekommen ist.

Wenn das Kind in der Schule unglücklich ist, gehen Sie gemeinsam die möglichen Gründe dafür durch. Ist das Kind vielleicht immer dann unglücklich, wenn es seine eigenen Vorstellungen nicht durchsetzen kann, oder würde es lieber bei seiner Mutter zu Hause bleiben oder fühlt es sich in der Schule überfordert?

Bedenken Sie, dass es bei dem ersten Treffen vor allem darum geht, eine Beziehung zu den Eltern aufzubauen. Grundlagen dieser Beziehung sollten einerseits Selbstvertrauen und Zuversicht, andererseits das Einvernehmen darüber sein, dass Pädagogen und Eltern ein gemeinsames Ziel haben – ein zufriedenes, gesundes und lernfähiges Kind.

Die Eltern werden sich bereitwilliger an dem Treffen beteiligen, wenn sie sich dort unbefangen und respektiert fühlen. Als Lehrerin können Sie auf mehr Offenheit und Vertrauen hoffen, wenn Sie den eintretenden Eltern lächelnd entgegenkommen, um ihnen die Hand zu geben. Versuchen Sie, sich zu unterhalten, ohne dass ein Schreibtisch zwischen Ihnen und den Eltern steht; wenn es keine andere Möglichkeit gibt, setzen Sie sich an ein Ende des Schreibtischs und unterhalten Sie sich über die Ecke hinweg. Sorgen Sie dafür, dass Ihr Stuhl und die Stühle der Besucher von gleicher Höhe sind. Kaffee oder Tee anzubieten kann die Atmosphäre entspannen. Sollte die Muttersprache der Eltern nicht Deutsch sein, brauchen Sie möglicherweise einen Übersetzer; in diesem Fall sollte die Schule Bescheid wissen und jemanden zur Verfügung stellen.

Wenn ein Vater oder eine Mutter wütend in der Schule auftaucht, sollte der Lehrer dem Elternteil zunächst Gelegenheit zum Abreagieren geben, bevor er versucht, auf die Kritik einzugehen. Es ist wichtig, aufmerksam zuzuhören – auf diese Weise können Sie Informationen darüber erhalten, warum das Kind ein Problem hat. Der Ärger verfliegt oft, wenn der Elternteil feststellt, dass sein Gegenüber aufrichtig interessiert ist; meist ist danach eine ruhige Unterhaltung möglich.

Eltern, die den Eindruck haben, von der Lehrerin für die Probleme des Kindes zu Hause oder in der Schule verantwortlich gemacht zu werden, sollten in dieser Hinsicht beruhigt werden. Ein problematisches Verhalten kann die unterschiedlichsten Ursachen haben.

Wenn das Kind Schwierigkeiten beim Lernen hat oder sich schlecht benimmt, sollte die Lehrerin den Eltern gegenüber die folgenden möglichen Erklärungen zur Sprache bringen:

1. Hat das Kind vielleicht Schwierigkeiten, die Schrift an der Tafel zu erkennen oder Arbeiten zu erledigen, die eine gute Nahsicht erfordern? In diesem Fall sollte ein Sehtest gemacht werden.
2. Hört und versteht das Kind die Anweisungen der Lehrerin? Wenn nicht, ist ein Hörtest angebracht.
3. Gehen die Lernschwierigkeiten des Kindes auf Hyperaktivität zurück? In diesem Fall könnten seine Konzentrationsprobleme eine medizinische Ursache haben und die Eltern sollten das Kind ärztlich untersuchen lassen.

Jedes gesunde Kind ist in der Lage zu lernen. Bei Lernschwierigkeiten sollte zunächst überprüft werden, ob vielleicht gesundheitliche Probleme vorliegen, bevor man sich pädagogische oder psychologische Maßnahmen überlegt.

Die Kommunikation mit den Eltern findet nicht nur auf der verbalen Ebene statt. Die Menschen verraten ihren Ärger, ihre Frustration oder Unzufriedenheit auch in ihrem schärferen Ton, in skeptischen Blicken, einer ungeduldigen Bewegung und anderen Anzeichen dafür, dass man sich nicht einig ist. Als Lehrer oder Lehrerin sollten Sie für solche Botschaften empfänglich bleiben.

Probleme mit den Hausaufgaben

Der Lehrer sollte den Eltern gegenüber klarstellen, dass es in der Verantwortung des Kindes liegt, seine Hausaufgaben selbständig zu erledigen. Die Eltern sollte man bitten, sich davon zu überzeugen, dass die Hausaufgaben vollständig gemacht wurden, sich aber nicht an der Arbeit zu beteiligen, wenn das Kind nicht gerade nach spezifischen Informationen fragt. Die Hausaufgaben sollten auch nicht zu einem Anlass für Streitereien zwischen Kind und Eltern werden und von keiner Seite als Waffe eingesetzt werden. Der Lehrer sollte, bevor er Hausaufgaben aufgibt, die Kooperation seiner Klasse gewonnen haben; dann können die Schüler ihre Aufgaben in der Gewissheit angehen, ihnen gewachsen zu sein.

Eltern können helfen, indem sie

- dem Kind einen ruhigen Arbeitsplatz zur Verfügung stellen (sie sollten es vermeiden, alle fünf Minuten vorbeizuschauen, um die Arbeit des Kindes zu überprüfen),
- dem Kind gelegentlich vorlesen oder zusammen mit ihm lesen, um es zu ermutigen (sie können zum Beispiel abwechselnd mit dem Kind jeweils eine Seite laut lesen),
- Interesse daran bezeugen, was das Kind tut, ohne sich allzu sehr hineinzudrängen.

Der Abschluss der Eltern-Lehrer-Sprechstunde

Zum Abschluss der Sprechstunde kann die Lehrerin den Eltern Vorschläge machen, wie sie reagieren können, wenn sich das Kind zu Hause schlecht benimmt (siehe unten). Ein Überblick über das in nächster Zeit anstehende Unterrichtsmaterial kann ihnen eine Vorstellung davon geben, was sie bei ihrem Kind an Fortschritten erwarten dürfen. Bei einem Besuch in der Bibliothek oder mit der Auswahl von Dokumentarsendungen im Fernsehen können sie das Kind bereits auf die anstehenden Themen einstimmen. Wenn zum Beispiel berühmte geschichtliche Persönlichkeiten oder die Planeten des Sonnensystems zum Unterrichtsprogramm gehören, könnten die Eltern dafür sorgen, dass diese Themen in der Unterhaltung in der Familie zur Sprache kommen. Am Ende der Sprechstunde werden Lehrerin und Eltern mehr über das Kind wissen und festgestellt haben, dass sie auf ein gemeinsames Ziel hinarbeiten: einen erfolgreichen, selbstsicheren und zufriedenen Schüler.

Kindliche Verhaltensweisen verstehen

Es folgen einige Empfehlungen, die Lehrer bei dieser Gelegenheit an die Eltern weitergeben können, damit diese das Verhalten ihrer Kinder besser verstehen. Zunächst sehen wir uns eine Reihe von Aspekten an, mit denen die Eltern vertraut sein sollten; danach geht es um das Verhalten von Kindern im Hinblick auf die vier falschen Ziele.

Kinder wollen sich zugehörig fühlen

Eine Beschwerde, die man von Eltern oft zu hören bekommt, lautet: »Unsere Kinder essen nicht, was man ihnen hinstellt/ziehen nicht an, was man ihnen kauft/weigern sich zu schlafen, wenn wir sie ins Bett schicken. Warum?«

Kinder wünschen sich ein Gefühl der Zugehörigkeit. Ein Kind, das sich schlecht benimmt, ist entmutigt und kämpft um Beachtung. Im Grunde will das Kind sagen: »Hey, seht mich an, ich bin hier und ich will mich ernst genommen fühlen.« Es versucht seinen Platz in der Familie zu finden, hat sich aber auf negative Verhaltensweisen verlegt, weil es den Eltern nicht gelungen ist, ihm ein Gefühl des Angenommenseins und ein Wissen um den eigenen Wert zu vermitteln.

Viele Kinder haben nie gelernt, zu kooperieren und sich für andere nützlich zu machen. Ihr kulturelles Umfeld, zu dem auch Radio, Fernsehen und Internet gehören, hat ihnen ein Gefühl der Gleichwertigkeit mit anderen vermittelt; sie interpretieren dies nun als einen Freibrief dafür, ihre Eltern herauszufordern und sich gegen sie zu stellen. Wenn das Gefühl der Gleichwertigkeit Teil der häuslichen Atmosphäre ist und das Kind zugleich zu Kooperation und wechselseitigem Respekt erzogen wird, dann wird es mit Gleichaltrigen und Erwachsenen auskommen. Aber vielen Kindern fehlt dieser Aspekt der Erziehung. In der Vergangenheit wurden Kinder dazu erzogen, sich Erwachsenen gegenüber respektvoll zu verhalten, ohne Widerspruch zu gehorchen und gesehen, aber nicht gehört zu werden. Ihren Platz in der Familie fanden sie meist durch den Umgang mit ihren Geschwistern. Sie hatten Pflichten, die zum Überleben der Familie beitrugen, und konnten sich gebraucht fühlen. Zugleich aber wurden sie mit den Mitteln von Belohnung und Bestrafung kontrolliert. Dieses autoritäre System, das von Regierung, Kirche und Schule getragen und aufrechterhalten wurde, kontrollierte Kinder jahrtausendelang.

Heute funktionieren viele Familien nicht mehr nach diesen althergebrachten Regeln. Eltern müssen sich mit einer Gesellschaft auseinandersetzen, die sich in raschem Wandel befindet – einer Gesellschaft, die politisch eine Demokratie geworden ist –, ohne dabei die Fähigkeiten für eine demokratische Erziehung vermittelt bekommen zu haben. Wie sieht nun die Antwort aus? Professionelle und populärwissenschaftliche Bücher und Artikel versuchten die autoritäre Tradition durch eine Ideologie zu ersetzen, die man mit »Tu, was du willst« zusammenfassen könnte. Für die Eltern bedeutete das, dass kleine Kinder ein Anrecht auf augenblickliche Befriedigung ihrer Wünsche hatten. Man gab sich Mühe, das Familienleben um das Kind herum zu gestalten. Unglückseligerweise führte das dazu, dass die Dominanz der Eltern in vielen Fällen durch eine Tyrannei der Kinder ersetzt wurde. Nicht mehr die Eltern waren es, die sich verhielten, als seien sie in einer überlegenen Position, sondern die Kinder, und die Eltern wurden geradezu zu ihren Befehlsempfängern. Viele Eltern glaubten, ihre Kinder würden zu liebenden und zivilisierten Menschen heranwachsen, wenn man ihnen keinerlei Beschränkungen auferlegte. Es sind eben diese Eltern, die heute mit Entsetzen feststellen, dass ihre Teenager stattdessen rücksichtslose, unkontrollierbare Egoisten geworden sind.

Diese Methode hat also nicht funktioniert. Was jetzt? Wie sollen wir heute mit unseren Kindern umgehen? Sowohl Eltern als auch Kinder leben heute in einem demokratischen System, in dem das Prinzip der Gleichwertigkeit herrscht. Weil weder Nachgiebigkeit noch autoritäre Kontrolle ihren Zweck erfüllen, ist es wichtig, dass die Eltern die folgenden Punkte im Gedächtnis behalten:

1. Respektieren Sie sowohl das Kind als auch sich selbst.
2. Bauen Sie auf Stärken auf und reiten Sie so wenig wie möglich auf Schwächen herum.
3. Denken Sie daran – ein Kind braucht Ermutigung, wie eine Pflanze Licht und Wasser braucht.
4. Nehmen Sie sich Zeit, um Ihr Kind anzuleiten. Es ist gut investierte Zeit, die Ihnen später große Probleme ersparen kann.
5. Vermeiden Sie es, mit dem Rücken Ihres Kindes zu reden oder vom Nebenraum aus Anweisungen oder Ermahnungen zu brüllen.
6. Wenn Sie mit dem Kind sprechen oder ihm zuhören, widmen Sie ihm Ihre volle Aufmerksamkeit; sorgen Sie für räumliche Nähe und Blickkontakt.
7. Sagen Sie ihm nur ein Mal, was es tun soll. Es ist kränkend für das Kind, wenn Sie Anweisungen wiederholen.
8. Behalten Sie im Gedächtnis, dass es bei der Zeit, die man mit seinen Kindern verbringt, nicht auf das Wieviel, sondern auf das Wie ankommt. Es besteht kein Anlass zu schlechtem Gewissen, wenn beide Eltern berufstätig sind oder ein alleinerziehender Elternteil versucht, über die Runden zu kommen.
9. Eine Stunde, die Sie jeden Tag auf liebevolle und harmonische Weise mit Ihrem Kind verbringen, ist mehr wert als

Hunderte von Stunden flüchtig und ohne Interesse gemeinsam herumgebrachter Zeit. Diese eine Stunde gehört Ihrem Kind. Schalten Sie das Handy ab und den Fernseher aus und seien Sie ganz für das Kind da. Lassen Sie es das Gesprächsthema oder die Beschäftigung wählen. Das mag ein Spiel wie Domino, Scrabble oder Schach sein, aber vielleicht will das Kind auch einfach spazieren gehen oder den Park, das Museum oder den Zoo besuchen. Vielleicht will es mit Ihnen einen Ball durch den Hof kicken oder etwas für die Familie kochen. Möglicherweise möchte es Unterstützung bei einem Referat, das es für die Schule vorbereitet, oder bei der Herstellung eines Geschenks und vielleicht will es auch einfach ein paar Antworten auf Fragen, mit denen es sich beschäftigt.

10. Führen Sie einen Familienrat ein, der sich einmal pro Woche eine Stunde lang zusammensetzt, zum Beispiel sonntags nach dem Essen – auch dann, wenn Sie nur ein Kind und keinen anderen Lebenspartner haben. Auch zwei können eine Gruppe sein. Reden Sie über erfreuliche Dinge, die in der vergangenen Woche passiert sind. Planen Sie den Speisezettel und die anstehende Hausarbeit für die kommende Woche. Legen Sie individuelle Probleme durch eine gemeinschaftliche Suche nach Lösungen bei. Entwickeln Sie Regeln, schreiben Sie sie in eine Tabelle oder auf ein Stück Pappe und kleben Sie sie an die Kühlschranktür oder hängen Sie sie in der Nähe der Wohnungstür auf. Entscheiden Sie gemeinsam, welche natürlichen oder logischen Konsequenzen folgen sollen, wenn die Regeln verletzt werden. Überprüfen Sie die von allen Familienmitgliedern gemachten Fortschritte beim nächsten Treffen des Familienrats.
11. Vertrauen Sie Ihrem Kind, aber leiten Sie es auch an, um den Erfolg schon »einzubauen«. Zeigen Sie ihm Ihre Liebe und Ihr Vertrauen in die Fähigkeit des Kindes, zu wachsen und zu lernen – verbergen Sie sie nicht.
12. Behalten Sie im Gedächtnis, dass wir Verantwortung lehren, indem wir Verantwortung zugestehen. Kinder lernen von

einem Vorbild mehr als von einem Kritiker. Beobachten Sie nicht nur das Verhalten des Kindes, sondern auch Ihr eigenes.

13. Wenn Sie Ihr Kind mit ins Restaurant oder zu Freunden nehmen, denken Sie daran, ein paar ruhige Spiele oder kleine Spielsachen mitzunehmen, mit denen es sich während des Besuchs beschäftigen kann.

Einige Ratschläge, die Sie als Lehrer oder Lehrerin für den Fall anführen könnten, dass die Eltern das Verhalten ihres Kindes korrigieren wollen:

1. Handeln Sie – aber reden Sie möglichst wenig, denn damit würden Sie das Kind in seinem Fehlverhalten nur bestärken. Behalten Sie im Gedächtnis, dass das Kind Sie nicht hören kann, wenn es gerade einen Wutanfall hat.
2. Akzeptieren Sie das Kind, aber nicht sein destruktives Verhalten. Unterscheiden Sie zwischen Handlungsweise und handelnder Person.
3. Bleiben Sie konsequent. Wenn Sie Grenzen gesetzt haben, rücken Sie nicht von ihnen ab. Wenn Sie »Nein« sagen, meinen Sie es auch so und bleiben dabei.
4. Seien Sie entschieden, aber freundlich. Stellen Sie klar, was Sie meinen, und sagen Sie es nur ein einziges Mal in festem und freundlichem Tonfall.
5. Wenden Sie natürliche und logische Konsequenzen an, ohne emotional zu werden. Sagen Sie niemals »Ich hab's dir doch gesagt!«.
6. Verkneifen Sie sich das Nörgeln und Schimpfen. Es könnte das Kind in seinen fehlgeleiteten Vorstellungen davon, wie man Aufmerksamkeit auf sich zieht, bestärken.
7. Wenn Sie feststellen, dass Sie die Beherrschung verlieren und das Kind am liebsten ohrfeigen würden, suchen Sie sich eine Alternative. Zuzuschlagen ist nicht die richtige Methode, um dem Kind zu helfen. Wenn Sie diese Erfahrung öfters machen, nehmen Sie bitte die Hilfe anderer Menschen in An-

spruch und wenden Sie sich an einen Arzt, eine Beratungsstelle, das Jugendamt oder eine andere Institution, die Ihnen helfen kann.

8. Wenn das Verhalten des Kindes problematisch genug ist, um den Zusammenhalt der Familie oder der Klassengemeinschaft zu beeinträchtigen oder ein Eingreifen der Polizei notwendig zu machen, gehen Sie mit der Situation so objektiv wie möglich um und tun Sie, was getan werden muss, ohne sich unnötig viele Vorwürfe zu machen. Sie können nicht die gesamte Schuld für die Fehler Ihres Kindes auf sich nehmen. Es muss selbst Verantwortung übernehmen und lernen, dass gewisse Vergehen bestimmte Konsequenzen nach sich ziehen. Nehmen Sie ihm nicht die Chance, aus seinen Erfahrungen zu lernen.
9. Ergreifen Sie nicht sofort und automatisch Partei für Ihr Kind und gegen andere Erwachsene, etwa Nachbarn, Lehrer oder Polizeibeamte. Es ist durchaus möglich, dass sie Ihnen und dem Kind helfen wollen.
10. Verlieren Sie das langfristige Ziel nicht aus den Augen – Ihrem Kind dabei zu helfen, ein zufriedener, verantwortungsvoller Mensch zu werden und zu einem liebenden, lebensfähigen, unabhängigen Erwachsenen heranzuwachsen.

▶▶▷ Die vier falschen Ziele und was Eltern und Lehrer dagegen tun können

Kinder haben das natürliche Bedürfnis nach einem Gefühl der Zugehörigkeit zu ihrer Familie und ihrer Schulklasse. Sie brauchen es, sich bedeutsam zu fühlen, und sie möchten gern von Nutzen für andere sein. Sie schätzen auch das Gefühl, etwas geleistet zu haben und in der Lage zu sein, Dinge selbst zu erledigen. Und sie brauchen beim Aufwachsen unsere Liebe, Akzeptanz, Geduld und Ermutigung. Ein gut angepasstes Kind kooperiert, weil es sich ermutigt fühlt. Ein Kind, das sich schlecht benimmt, ist ein entmutigtes Kind.

Wenn sich ein Kind unter zehn Jahren schlecht benimmt, versucht es sich in seiner Selbstachtung zu bestätigen – aber mit Methoden, die auf seiner fehlerhaften Logik beruhen. Vielleicht entspricht das Fehlverhalten einem der folgenden vier »falschen Ziele«, von dem das Kind glaubt, es würde ihm ein Gefühl der Bedeutung geben:

1. Vielleicht ist das Kind auf ein unangemessenes Maß an Aufmerksamkeit aus und sagt sich: »Ich zähle nur, wenn die Erwachsenen mich beachten.« Um dieses Verhalten zu korrigieren, können Sie es mit folgenden Methoden versuchen:
   - Ignorieren Sie das nach Aufmerksamkeit heischende Verhalten, wenn es nicht gerade anderen schadet oder zu Sachbeschädigungen führt.
   - Bleiben Sie fest, lassen Sie sich aber keine Gereiztheit anmerken, denn damit würden Sie das Kind in seinem Verhalten bestärken.
   - Zollen Sie ihm Beachtung, wenn das Kind kooperativ ist; »erwischen« Sie es, wenn es etwas Produktives tut.
2. Ein entmutigtes Kind kann versuchen, seine Ziele durch Machtkämpfe zu erreichen. Vielleicht sagt es sich: »Ich zähle nur, wenn ich hier das Sagen habe und ihr tut, was ich will.« Vielleicht sagt es sogar zu Ihnen: »Wenn ich nicht tun darf, was ich will, dann hast du mich nicht lieb.« Dies ist emotionale Erpressung – lassen Sie sich nicht darauf ein!
   Um eine harmonische Beziehung wiederherzustellen, können Sie es mit den folgenden Methoden versuchen:
   - Vermeiden Sie Machtkämpfe. Wenn das Kind Sie provoziert, weigern Sie sich, auf die Provokation einzugehen; berücksichtigen Sie, dass zum Streiten zwei gehören und dass Sie die nötige Reife besitzen und gegebenenfalls in ein anderes Zimmer gehen können. Dies kann nötig werden, wenn die Situation emotional sehr angespannt ist.
   - Akzeptieren Sie, dass das Kind über eine gewisse Macht verfügt. Lenken Sie seinen Umgang damit behutsam in

konstruktivere Bahnen, statt ihm einen Grund für einen Machtkampf zu liefern.

- Respektieren Sie das Kind, wahren Sie aber auch Ihre eigene Würde.

3. Völlig mutlose Kinder werden rachsüchtig. Sie verhalten sich schlechtgelaunt, trotzig und bösartig, versuchen Gegenstände zu zerstören und andere zu verletzen. Ein solches Kind läuft Gefahr, kriminell zu werden. Es glaubt, seine einzige Hoffnung liege darin, anderen zu schaden und es ihnen heimzuzahlen. Wie können Sie ihm helfen?
   - Sagen oder zeigen Sie niemals, dass Sie vom Verhalten des Kindes verletzt sind, denn damit würden Sie es nur bestärken. Es würde feststellen, dass es anderen tatsächlich Kummer bereiten und damit seine Rachsucht befriedigen kann.
   - Zeigen und sagen Sie dem Kind, wie es gemocht werden kann.
   - Tun Sie das Unerwartete und lassen Sie natürliche Konsequenzen zu, damit es durch Erfahrung lernt.
4. Vollkommen entmutigte Kinder ziehen sich zurück und versuchen gar nicht mehr, Erfolg zu haben und akzeptiert zu werden. Sie sind passiv und still, lernen in der Schule wenig und haben wahrscheinlich keine Freunde. Auf einer unterbewussten Ebene sagen sie sich: »Ich will nicht, dass jemand merkt, wie überfordert ich mich fühle, also lasst mich in Frieden; mit mir könnt ihr nichts anfangen.«

   Um einem solchen Kind zu helfen, werden Sie viel Kraft und die Unterstützung anderer brauchen. Versuchen Sie Folgendes:
   - Arbeiten Sie mit dem Kind zusammen, damit es sich gewürdigt fühlt.
   - Erkennen Sie jeden Versuch an, den das Kind macht. Bedenken Sie, dass das Endergebnis weniger wichtig ist als die Tatsache, dass das Kind sich Mühe gegeben hat.
   - Ermutigen Sie es, sich Freunde zu suchen. Schenken Sie ihm etwa eine Stunde pro Tag Ihre ungeteilte und liebevolle

Aufmerksamkeit und nehmen Sie sich danach Zeit zum Ausruhen und Erholen. Lassen Sie sich von seiner Mutlosigkeit nicht anstecken. Das Kind braucht positive Unterstützung. Was es nicht braucht, ist Mitleid – damit würde man ihm lediglich bestätigen, dass es sich selbst leid tun darf. Denken Sie daran, niemand ist unglücklicher als ein Mensch, der sich im Selbstmitleid wälzt.

Die oben angeführten Möglichkeiten sollen Ihnen dabei helfen, im Umgang mit den Kindern zufriedener, kompetenter und selbstsicherer zu werden. Ziehen Sie neben diesen Gesichtspunkten auch die Möglichkeit in Betracht, dass das Fehlverhalten eines Kindes körperliche Ursachen haben könnte. Vielleicht ist es allergisch gegen bestimmte Lebensmittel. Es kann eine Ohrenentzündung oder eine Sehschwäche haben, die ihm den Umgang mit anderen erschwert. Vielleicht hat es Zahnschmerzen. Als Vater oder Mutter sollten Sie einen Termin beim Kinder- oder Zahnarzt ausmachen, wenn Sie den Verdacht haben, dass etwas Derartiges vorliegen könnte. Informieren Sie die Klassenlehrerin und besprechen Sie mögliche Maßnahmen mit ihr. Versuchen Sie nicht das Problem im Alleingang zu lösen. Es gibt spezielle Einrichtungen, die Ihnen helfen können; mit Ihren Problemen bei der Erziehung stehen Sie nicht allein da. Wenn Sie nähere Informationen für den Umgang mit einem bestimmten Problem brauchen, wenden Sie sich an die zuständigen Beratungsstellen vor Ort.

Das Leben kann für Sie und Ihr Kind wunderschön, erfolgreich und lohnend sein. Handeln Sie!

Unausgesprochene Botschaften und Signale Ihres Kindes und wie Sie sie richtig interpretieren:

1. Verwöhn mich nicht. Ich weiß genau, dass ich nicht alles kriegen kann, was ich gern hätte – ich stelle dich nur auf die Probe.
2. Hab keine Angst, mir gegenüber fest zu bleiben. Ich weiß dann, woran ich bin.
3. Zwing mich nicht zu einem bestimmten Verhalten. Das lehrt mich nur, dass Macht das einzige ist, worauf es ankommt. Auf Anleitung reagiere ich viel besser.
4. Bleib konsequent. Widersprüchliche Aussagen und Handlungsweisen sind verwirrend für mich und ich werde versuchen, mit möglichst vielen Dingen durchzukommen.
5. Mach keine Versprechungen – vielleicht wirst du sie nicht halten können und gebrochene Versprechen würden mein Vertrauen in dich untergraben.
6. Fall nicht auf meine Provokationen herein, wenn ich Dinge zu dem einzigen Zweck tue und sage, dich aus der Fassung zu bringen. Wenn es mir gelingt, werde ich versuchen, mir häufiger solche »Siege« zu verschaffen.
7. Sei nicht allzu unglücklich, wenn ich sage »Ich hasse dich«. Ich meine es nicht ernst – ich will nur, dass dir leid tut, was du mir gerade angetan hast.
8. Dein Ziel darf es nicht sein, dass ich mir klein und dumm vorkomme. Ich werde zum Ausgleich groß tun müssen.
9. Erledige nichts für mich, das ich selbst erledigen kann. Sonst werde ich mir vorkommen wie ein Baby und vielleicht lasse ich dich dann auch weiterhin die Arbeit für mich tun.
10. Lass nicht zu, dass mir meine schlechten Angewohnheiten eine Menge Aufmerksamkeit verschaffen. Damit sorgst du nur dafür, dass ich sie beibehalte.

11. Versuch mich nicht in Hörweite anderer Leute zu erziehen. Ich bin viel eher bereit zuzuhören, wenn du unter vier Augen mit mir redest.
12. Du brauchst mir keine Predigten zu halten. Du würdest dich wundern, wenn du wüsstest, wie gut ich zwischen Richtig und Falsch unterscheiden kann.
13. Versuch mir nicht das Gefühl zu geben, dass jeder Fehler ein Verbrechen ist. Ich muss lernen, Fehler zu machen, ohne gleich zu glauben, dass ich ein hoffnungsloser Fall oder ein schlechter Mensch bin.
14. Nörgele nicht. Wenn du es doch tust, werde ich mich wehren müssen, indem ich mich taub stelle.
15. Verlang keine Erklärungen für mein schlechtes Benehmen. Ich weiß selbst nicht, warum ich es getan habe.
16. Du solltest meine Wahrheitsliebe nicht zu sehr strapazieren. Wenn ich Angst habe, greife ich schnell zu Notlügen.
17. Vergiss nicht, ich experimentiere gern. Ich lerne aus meinen Erfahrungen, also leb damit.
18. Du solltest mich nicht vor den Folgen meines Handelns schützen. Auch aus denen lerne ich.
19. Mach nicht zu viel Aufhebens von meinen kleinen Wehwehchen. Das Kränkeln wird anfangen, mir Spaß zu machen, wenn es mir zu viel Aufmerksamkeit einträgt.
20. Tu meine ehrlich interessierten Fragen nicht ab. Wenn du es doch tust, werde ich aufhören, dich zu fragen, und mir die Antworten anderswo suchen.
21. Alberne oder sinnlose Fragen solltest du dagegen nicht beantworten – ich will einfach, dass du dich weiter mit mir beschäftigst.
22. Glaub niemals, es wäre unter deiner Würde, dich bei mir zu entschuldigen. Du würdest dich wundern, wie sehr dich eine aufrichtig gemeinte Entschuldigung in meinen Augen ehrt.
23. Versuch nicht vollkommen oder unfehlbar zu wirken. Dem kannst du nicht gerecht werden und ich auch nicht.
24. Mach dir keine Sorgen, weil wir nicht mehr Zeit miteinander verbringen. Es ist viel wichtiger, wie wir sie miteinander verbringen.

25. Lass dich von meinen Befürchtungen nicht anstecken, sonst bekomme ich noch mehr Angst. Zeig mir Mut und Zuversicht.
26. Vergiss nicht, ich brauche beim Aufwachsen eine Menge Verständnis und Ermutigung – aber das brauche ich dir ja eigentlich nicht zu sagen, oder?
27. Behandel mich so, wie du deine Freunde behandelst, dann werde auch ich ein Freund sein.
28. Denk dran, von einem Vorbild lerne ich mehr als von einem Kritiker.

▸▸▸ Konkurrenzdenken in der Klasse: Pro und Contra

In einer solchen Umgebung [d. h. einer Atmosphäre der Konkurrenz] kann kein Kind seines Platzes sicher sein.
Rudolf Dreikurs,
»Psychologie im Klassenzimmer«

Sie werden vielleicht fragen »Warum sollten wir den Wettbewerb in der Grundschule nicht fördern? Wettbewerb ist eine der Grundlagen der modernen Welt. Sollten wir unsere Kinder wirklich vor der Realität schützen?« Viele Eltern wünschen, dass ihre Kinder in der Schule lernen, wie man sich gegen die Konkurrenz durchsetzt; sie glauben, diese »Ausbildung« sei wichtig, um das Kind auf die wettbewerbsorientierte Erwachsenenwelt vorzubereiten. Dabei übersehen diese Eltern jedoch, dass der Wettbewerb um Noten, Bewertungen, Belohnungen und Auszeichnungen eine Klasse lediglich in zwei Lager spaltet: In ein kleineres Lager aus den Kindern, die lernen, sich überlegen zu fühlen und auf die größere Gruppe der Kinder herabzuschauen, die sich unterlegen fühlen.

In einer wettbewerbsorientierten Grundschule sind die Kinder nicht bereit, zu kooperieren, und haben keinerlei Respekt vor dem Wert ihrer Mitschüler als Personen oder ihrer grundlegenden Würde als Menschen. Solche Kinder lernen nicht, den Anforderungen einer Situation gerecht zu werden, und entwickeln kein gesundes Bedürfnis, hilfreich zu sein. Sie fühlen sich nicht gewürdigt, denn sie haben nicht das Gefühl, zur Gruppe zu gehören. Ihre Lebenseinstellung ließe sich als »Wenn du nicht zu ihnen gehören kannst, dann unterwirf sie« zusammenfassen. Schulhoftyrannen und arrogante Kinder haben solche verfehlten Vorstellungen.

Der Wettbewerb ist nur für einige wenige, überdurchschnittlich begabte Kinder eine wirklich befriedigende Erfahrung. Und selbst intelligente und talentierte Kinder werden möglicherweise keinen Spaß an ihm haben, denn neben den Gelegenheiten, zu »gewinnen« und Erfolg zu haben, besteht immer auch die Möglichkeit des Verlierens und Versagens. Noch im besten Fall ist diese Aussicht unangenehm; häufig bringt sie Ängste und Stress mit sich. Für die Mehrzahl der Kinder, all diejenigen, die in der Regel eben nicht »gewinnen« und deren Bemühungen nicht immer von Erfolg gekrönt sind, bringt der Wettbewerb das ständige Gefühl der Überforderung und des Versagens mit sich. Entmutigender kann eine Lernmethode kaum sein. Solche Kinder geben auf und fallen zurück, statt Fortschritte zu machen. Weil sie wissen, dass sie ohnehin nicht »gewinnen« können, verlieren sie den Bezug zum Lehrer und geben sich kaum noch Mühe zu lernen.

Solange eine Atmosphäre des Wettbewerbs gefördert wird, wird sich das Kind auf Fragen des Gewinnens und Verlierens konzentrieren, statt seine Energie und sein Potential für die anstehende Aufgabe zu verwenden. Werden Schulkinder zum Konkurrenzdenken erzogen, geben sie sich unweigerlich nur so lange Mühe, wie sie gewinnen können. Wenn sie versagen, geben sie sich selbst oder anderen die »Schuld« dafür und ziehen sich oft zurück, weil sie nicht mit der Angst umgehen können, wieder zu verlieren. Statt sich auf den Unterricht und ihre Fortschritte zu konzentrieren, reagieren zum Wettbewerb erzogene Kinder oft sehr entmutigt und verlieren ihre Stärken aus den Augen.

Erwachsene, die ohne diesen Druck erzogen wurden, kommen in einer wettbewerbsorientierten Gesellschaft besser zurecht, denn sie verschwenden weniger Zeit und Energie auf die Frage, was andere machen, und konzentrieren sich stattdessen auf das eigene Tun. Das bedeutet auch, dass ein solcher Mensch andere als Freunde, Nachbarn und Mitmenschen würdigen kann, statt sie als Konkurrenten zu fürchten. Er oder sie ist nicht besessen von Vorstellungen der Über- oder Unterlegenheit, Statusfragen, Vorurteilen und Intoleranz. Wer sich selbst aufrichtig respektiert, kann auch anderen mit Respekt begegnen, kann leben und leben lassen, ohne die Einstellungen und Verhaltensweisen anderer zu kritisieren. Nur wer sich selbst respektiert, bringt den Mut auf, unvollkommen zu sein.

Mit dem Mittel des Wettbewerbs können wir ein Kind auf Dauer nicht dazu bewegen, zu lernen und sich gut zu benehmen. Wenn wir das Kind in einem partnerschaftlich ausgerichteten Umfeld unterrichten, erreichen wir seine Kooperation und beeinflussen es somit wirkungsvoller.

Zu Beginn des 20. Jahrhunderts schrieb Alfred Adler über die zerstörerischen Aspekte des Wettbewerbs. Seine Gedanken sind in mancher Hinsicht bis heute bewegend. Er wies darauf hin, dass Kinder und Erwachsene nur dann auf die Herausforderungen des Lebens vorbereitet sind, wenn sie Kooperation gelernt haben und das Wohl anderer Menschen ihnen ebenso wichtig ist wie ihr eigenes. Der Wettbewerb dagegen verleitet Menschen dazu, andere übertrumpfen zu wollen, nur um den eigenen Erfolg besorgt zu sein und keinerlei Interesse an der Unterstützung anderer oder dem Wohl der Allgemeinheit zu entwickeln. Für die Gesellschaft und für das Individuum selbst kann dies tragische Konsequenzen haben.

Wenn Kinder Konkurrenzdenken statt Kooperation lernen, dann können nur einige wenige »gewinnen« und daraus Selbstsicherheit entwickeln, während sich die große Mehrheit besiegt und entmutigt fühlt. Nur Kooperation und soziales Interesse können auf Dauer die Lebenseinstellung verbessern und die Lebensfreude zurückbringen. Wir haben oft erlebt, dass »schwierige«, entmutigte Kinder zu Hause und in der Schule zu lernfähigen, zufriedenen Menschen wurden, sobald sie Kooperation und Zugehörigkeit erfahren durften. Ein solches Gefühl der Zugehörigkeit kann nur in einer Atmosphäre der Solidarität entstehen. Es verlangt, dass Menschen einander helfen und ermutigen, die Bemühungen des anderen wertschätzen und das Augenmerk auf die Fortschritte aller richten und nicht auf das Versagen der Mehrzahl und die Erfolge einiger weniger.

Die von der modernen Gesellschaft vertretenen Werte entmutigen leider viele Menschen. Wenn ein Kind bei einer Aufgabe versagt, neigen die Erwachsenen dazu, es zu demütigen oder zu bestrafen, statt ihm beim Erwerb von mehr Geschicklichkeit und Selbstvertrauen zu helfen. Überambitionierte Eltern liefern eine doppelte Dosis Entmutigung, wenn ihr Kind eine schlechte Note nach Hause bringt – das Kind hat sich bereits in der Schule blamiert gefühlt und wird zu Hause ein zweites Mal gescholten und gedemütigt. Nur ein Lehrer, der diese Zusammenhänge durchschaut, kann solch unseligen Entwicklungen entgegentreten. Der Lehrer kann dem Kind die Einsicht vermitteln, dass die anderen Schüler nicht seine Feinde sind und dass Versagen nicht sein vorherbestimmtes Schicksal ist. Er kann das Kind aufmuntern und verständnisvoll mit ihm umgehen, die Klasse um Unterstützung bitten, damit es sich als zugehörig und wertvoll erfahren kann, und ihm auf diese Weise dauerhaft helfen. Daneben wird der Lehrer dem Kind mit seiner Ermutigung und Kooperation zugleich ein Vorbild bieten, an dem es lernen kann, seinerseits anderen zu helfen und zu ihrer Zufriedenheit beizutragen. Lehrer, die lieber die Methoden der Kooperation als die des Wettbewerbs anwenden, die Klasse lieber zur Gruppe zusammenschließen, als sie in die Gruppen der Gewinner und der Verlierer aufzuspalten, können bei sämtlichen Schülern erstaunliche Fortschritte bewirken. Wenn Sie bei Schülern den partnerschaftlichen Ansatz anstelle des wettbewerbsorientierten anwenden, werden Sie verblüfft und begeistert sein von dem Geist der Hilfsbereitschaft und Kooperation, der sich daraus entwickeln wird.

In dem von der Regierung Ontarios veröffentlichten »Hall-Dennis Report« mit dem Titel *Living and Learning* heißt es:

> Jedes Kind ohne Ausnahme hat das Recht zu lernen, zu spielen, zu lachen, zu träumen, zu lieben, anderer Ansicht zu sein, im Leben weiterkommen zu wollen und es selbst zu sein. Unsere Kinder brauchen das Gefühl, als menschliche Wesen behandelt zu werden

und dabei in ihrer Unterschiedlichkeit respektiert zu werden. Wir müssen ihnen zu verstehen geben, dass die Welt auf sie geradezu gewartet hat und dass mit ihrem Heranwachsen ein neues wunderbares Zeitalter beginnt.

▸▸▸ Ermutigung im Unterricht

Ein Kind braucht Ermutigung, wie eine Pflanze Sonne und Wasser braucht. Unglücklicherweise erhalten diejenigen, die die Ermutigung am dringendsten bräuchten, am wenigsten davon, weil sie sich auf eine Art und Weise verhalten, dass unsere Reaktionen sie immer weiter in Mutlosigkeit und Rebellion drängen.

RUDOLF DREIKURS

Ziel der Ermutigung ist es, das Selbstvertrauen des Kindes zu stärken und ihm die Gewissheit zu geben, dass es gut genug ist, so wie es ist – und nicht so wie es sein *könnte*. Nur wenn Eltern und Lehrer Ermutigung liefern, kann das Kind Mut entwickeln. Ermutigung schafft Mut und die unschlagbarste Form des Mutes ist der, unvollkommen zu sein.

Es gibt viel zu viele Kinder – und Erwachsene –, die ihr Potential durch das Bemühen um Vollkommenheit verschwenden, mit Überlegungen darüber, wie gut oder umgekehrt wie fehlerhaft sie sind, ob sie Erfolg haben oder versagen werden. Erst wenn wir uns solche Überlegungen zur Gänze abgewöhnt haben, können wir unsere Energie darauf verwenden, den Anforderungen der Situation gerecht zu werden und die Probleme anzugehen, mit denen wir wirklich zu tun haben.

Das Bedürfnis nach Vollkommenheit macht Kindern Spontaneität und Kreativität fast unmöglich, denn sie müssen ständig fürchten, einen Fehler zu machen. Und wie soll eine Lehrerin noch den nötigen Mut zur Unvollkommenheit aufbringen, wenn auch sie im täglichen Berufsleben ängstlich nach allem Ausschau halten muss, das ihre Unfehlbarkeit in Frage stellen könnte?

Vielleicht ist es sogar eine gute Strategie, wenn die Lehrerin hin und wieder absichtlich einen Fehler macht (zum Beispiel indem sie ein falsches Datum an die Tafel schreibt), um dann mit einer kurzen Entschuldigung an die Klasse zu zeigen, dass wir alle uns gelegentlich irren.

Als Pädagogen können wir die Stärken jedes einzelnen Schülers fördern. Wir sollten in den Heften nur die richtigen Antworten anstreichen, statt uns auf die Fehler zu konzentrieren; danach können wir diese Fehler als positiven Anstoß zum Lernen verwenden, nicht zur kritischen Beurteilung des Kindes.

Ob wir nun herausfinden wollen, aus welchem Grund ein Kind einen Fehler gemacht hat, oder ob wir versuchen, seine falschen Vorstellungen und Ziele nachzuvollziehen, in jedem Fall sollten wir Kritik vermeiden. Erst wenn wir die wirklichen Motive kennen, können wir anfangen, ihm bei der Korrektur seines Verhaltens zu helfen.

Wir können das Selbstwertgefühl jedes Kindes heben, wenn wir seine Bemühungen und seine Meinung würdigen und vermeiden, das Kind »herunterzumachen«. Wenn wir diese Art von Ermutigung bieten wollen, ist es allerdings erforderlich, dass wir die Reaktionen des Kindes beobachten – nicht als einzelne Momentaufnahme, sondern dauerhaft und als festen Bestandteil unseres Umgangs mit ihm.

Ermutigung ist nicht das, was man sagt oder tut, sondern die Art und Weise, wie man es tut. Sie zielt darauf ab, das Vertrauen des Kindes in sich selbst zu stärken. Je mehr man als Lehrer an das Kind glaubt, je klarer man jetzt und hier das Gute in ihm sieht, desto ermutigender wirkt man auf das Kind.

Kinder mit geringer Selbstachtung entwickeln eine defätistische Haltung. Sie geben auf, sobald sie sich einer schwierigen oder ungewohnten Aufgabe gegenübersehen. In einer Atmosphäre, die ihnen gestattet und sie darin ermutigt, selbst zu denken, und in der jeder Mensch den anderen mit Respekt behandelt, wachsen das Selbstvertrauen des Kindes und damit auch seine Fähigkeit zu kreativem Denken.

Solange wir Entmutigungen nicht erkennen und vermeiden, und unsere Pflicht versäumen, dem Kind bei ihrer Überwindung zu helfen, werden wir weiterhin Kinder erziehen, die mehr oder weniger demoralisiert sind.

Sobald es zu Entmutigungen kommt, beginnt eine Veränderung der Persönlichkeit des Kindes. Ganz gleich, wie begrenzt der Bereich sein mag, in dem Mutlosigkeit sich breitmacht, sie wird Auswirkungen auf die Selbsteinschätzung des Kindes haben, seine Selbstachtung mindern, es angreifbar, scheu und furchtsam machen. Wir brauchen Mut, um uns den Anforderungen des Lebens zu stellen und unserem Potential gerecht zu werden. Mutlosigkeit beraubt dem Menschen seiner Kraft und Zuversicht.

Wenn Kinder den Mut verlieren, drohen sie auf die schiefe Bahnen zu geraten. Glaubt ein Kind, es habe keinen Platz in der Gruppe und könne auf konstruktive Art keinen Erfolg erzielen, wird es sich destruktives Verhalten aneignen und zu einem Störenfreid im Klassenzimmer werden. Dies wiederum steigert seine Entmutigung weiter; es entsteht ein Teufelskreis. Lehrer mit partnerschaftlicher Grundeinstellung verfügen über die Mittel – und den Mut –, um diesen Teufelskreis zu durchbrechen.

Wenn wir Kinder ermutigen, geben wir ihnen die Freiheit, die sie brauchen, um zu lernen und schöpferisch tätig zu werden. Wenn wir sie entmutigen, unterdrücken wir ihren Wunsch zu lernen und die Freude, die sie am Lernen haben könnten. Albert Einstein hat in einem bemerkenswerten Text die Gründe dafür beschrieben, dass er noch ein Jahr nach seinem Abschlussexamen nicht in der Lage war, über wissenschaftliche Fragen nachzudenken. Er schrieb: »Es ist eigentlich wie ein Wunder, dass der moderne Lehrbetrieb die heilige Neugier des Forschens noch nicht ganz erdrosselt hat … Es ist ein fataler Fehler zu glauben, dass die Freude am Sehen und Suchen durch Zwang gefördert werden kann.«

Nichtsdestoweniger sind Leben und Lebensfreude nicht so leicht zu unterdrücken. Diejenigen, die aufs Niederhalten, Kontrollieren und Unterdrücken aus sind, werden am Ende verlieren, denn die ekstatischen Kräfte des Lebens, des Wachstums und der Veränderung sind zu stark, zu vielfältig und zu ungestüm.

Wir können diese ekstatischen Kräfte fördern und nähren, indem wir uns einige der folgenden zwanzig Punkte ins Gedächtnis rufen, wann immer ein Schüler unsere Anleitung und Ermunterung braucht:

1. Vermeiden Sie es, Ihre Schüler zu entmutigen, denn die Gefühle der Minderwertigkeit, die jeder Mensch in mancher Hinsicht empfindet, müssen überwunden werden, wenn wir im Leben bestehen wollen.
2. Arbeiten Sie auf Fortschritte, nicht auf Vollkommenheit hin.
3. Würdigen Sie jegliche Bemühung. Überhaupt Anstrengung zu investieren ist gerade bei entmutigten Kindern schon eine hohe Leistung!
4. Unterscheiden Sie zwischen Handlungsweise und handelnder Person. Man kann ablehnen, was das Kind tut, ohne gleichzeitig das Kind selbst abzulehnen.
5. Bauen Sie auf Stärken und nicht auf Schwächen auf. Ein Kind, das sich schlecht benimmt, hat die Stärke und Ausdauer, sich gegen die Erwachsenen durchzusetzen. Gestehen Sie ihm das zu.
6. Zeigen Sie, dass Sie an das Kind glauben. Dieser Glaube muss aufrichtig sein. Sie werden also zunächst lernen müssen, dem Kind zu vertrauen.
7. Fehler sollten nicht als Versagen gewertet werden. Wir müssen das Stigma des Versagens beseitigen. Versagen weist in der Regel auf mangelnde Befähigung hin und der Wert eines Menschen hängt nicht von seinen Erfolgen ab.
8. Misserfolge und Niederlagen spornen zu weiteren Bemühungen nur an, solange noch eine Hoffnung auf Erfolg besteht. Ein zutiefst entmutigtes Kind, das bereits jede Hoffnung verloren hat, wird auf diese Weise nicht angeregt.
9. Liefern Sie dem Kind Anregung und Anleitung, aber versu-

chen Sie nicht, es vorwärtszudrängen. Lassen Sie es sein eigenes Lerntempo beibehalten.

10. Denken Sie daran, dass wirkliche Zufriedenheit auf Selbstvertrauen beruht; Kinder müssen lernen, die Verantwortung für sich selbst zu übernehmen, und je mehr Vertrauen sie in sich haben, desto eher sind sie in der Lage, dies zu tun.
11. Integrieren Sie das Kind in die Gruppe. Wenn man ein Kind als etwas Besonderes behandelt, bestärkt man es nur in seinen überzogenen Ambitionen. Ein überehrgeiziges Kind, das keinen Erfolg hat, geht oft zu destruktiven Verhaltensweisen über – nach dem Motto »Wenn ich schon nicht der Beste sein kann, bin ich wenigstens der Schlimmste.« Noch ernster ist die Situation, wenn es ganz aufgibt.
12. Es dient kaum der Ermutigung der Kinder, wenn man Wettbewerb und Konkurrenzdenken fördert. Diejenigen, die Aussicht auf Erfolg haben, geben sich dann vielleicht noch mehr Mühe, aber es geht ihnen dabei ums Gewinnen und nicht um Kooperation und den Dienst an der Gemeinschaft. Je weniger wettbewerbsorientiert ein Kind ist, desto besser ist es in der Lage, sich solchen Zwängen zu widersetzen – in der Kindheit und im Erwachsenendasein.
13. Lob und Ermutigung sind nicht das gleiche. Lob kann gelegentlich ermutigend wirken, oft aber entmutigt es und verursacht Unsicherheit und Furcht. Für manche Kinder wird die öffentliche Anerkennung ausschlaggebend und sie arbeiten dann nur noch mit dem Ziel – immer ausgiebiger – gelobt zu werden. Erfolge, die mit großem Lob einhergehen, wecken in dem Kind möglicherweise die Furcht, den Erwartungen kein weiteres Mal gerecht werden zu können.
14. Erfolg ist ein Nebenprodukt. Der Erfolgsdruck kann einschüchternd wirken und die aus ihm resultierende Nervosität und Furcht führen oft zu Niederlagen. Wenn man das Augenmerk hingegen darauf richtet, welchen Beitrag man für die Gemeinschaft leisten oder wie man mit anderen kooperieren kann, wird man in der Regel Erfolg haben.

15. Helfen Sie dem Kind dabei, den nötigen Mut zur Unvollkommenheit zu entwickeln. Wir sollten aus unseren Fehlern lernen und uns nicht von ihnen aus der Bahn werfen lassen.
16. Übertragen Sie nicht nur denjenigen Verantwortung und bedeutsame Rollen, die bereits verantwortungsbewusst sind. Wenn Sie einem entmutigten Kind Gelegenheit geben, sich als verantwortungsvoll zu erweisen, geben Sie ihm vielleicht einen hinreichend guten Grund zur Kooperation. Tatsächlich ist dies die beste Methode, den sinnvollen Umgang mit Freiheit und Verantwortung zu lehren.
17. Bitten Sie andere Schüler der Klasse um Unterstützung bei dem Versuch, einem mutlosen Kind zu helfen, damit es seinen Platz findet.
18. Denken Sie daran – Mutlosigkeit ist ansteckend. Ein entmutigtes Kind neigt dazu, seine Lehrer zu entmutigen.
19. Vermeiden Sie es, Ihrem eigenen bedrohten Ego zu schmeicheln, indem Sie andere entmutigen oder auf sie herabsehen. Diese Art von neurotischer Kontrolle richtet überall in der Gesellschaft Schaden an, nirgends aber mehr als im Lehramt. Sie sind ein erwachsener Mensch, dessen Wissen, Macht und Fähigkeiten die Ihrer Schüler weit übertreffen; achten Sie konsequent darauf, Ihr Ego nicht auf Kosten der Kinder aufzubauen, die Ihnen naturgemäß unterlegen sind.
20. Überwinden Sie Ihren eigenen Pessimismus und entwickeln Sie eine optimistische Lebenseinstellung. Auch Optimismus kann ansteckend wirken – er wird nicht nur Sie selbst beflügeln, sondern auch die Menschen in Ihrer Umgebung.

Viele Lehrer haben den Eindruck, Ermutigung und Lob seien im Grunde dasselbe. Dem ist nicht so. Der Unterschied ist unauffällig, aber entscheidend, und auch die Auswirkungen auf das Kind unterscheiden sich grundlegend. Lob schafft eine Motivationsquelle, die nicht in dem Kind selbst begründet ist; das Kind muss aber lernen, sich selbst zu motivieren. Es sollte nicht das Lob anderer Menschen sein, das die Kinder dazu bewegt, sich angemessen oder konstruktiv zu verhalten. Eine eigene innere Motivation erwächst aus dem für das Kind befriedigenden Gefühl, etwas gut und gewissenhaft erledigt zu haben, und diese Form der Motivation ist es, die das Kind braucht.

Sätze wie »Gut gemacht!« oder »Nur weiter so!« erfüllen ihren Zweck. Wir sollten auch nicht vergessen, dass Vollkommenheit eine Illusion ist. Sich um Vollkommenheit zu bemühen, kann manchmal löblich sein, aber oft führt es zu unnötigen Enttäuschungen und dem Gefühl, der Aufgabe nicht gewachsen zu sein, einfach weil ein perfektes Ergebnis so schwer zu erzielen ist. Was wir auch tun oder sagen, wir müssen sorgfältig darauf achten, dem Kind niemals den Eindruck zu vermitteln, dass sein Wert als Person von seinen Leistungen abhängt.

Alle Kinder brauchen Ermutigung, vor allem, wenn sie Fehler gemacht haben. Erwachsene haben oft Schwierigkeiten, Ermutigung richtig zum Ausdruck zu bringen, und brauchen Übung. Wenn wir ein Kind in dem Augenblick, in dem es gelobt wird, beobachten, stellen wir unter Umständen erstaunliche Dinge fest. Manche Kinder genießen es, manche geraten in Panik, manche denken offenbar »Na und?«, und einige scheinen uns mitzuteilen: »Na endlich!« Plötzlich wird uns klar, dass wir darauf achten müssen, wie ein Kind das Gesagte interpretiert, statt einfach davon auszugehen, dass es die Dinge genauso sieht wie wir.

Sieht man sich die Intentionen des Lobenden näher an, wird klar, dass er eine Belohnung anbietet. »Wenn du dich gut benimmst, wirst du mit meiner Wertschätzung belohnt.« Und was ist falsch an diesem Ansatz? Warum sollte man einem Kind nicht beibringen, das Richtige zu tun, indem man ihm die Wertschätzung seiner Lehrer in Aussicht stellt? Wenn wir uns diesen »Handel« aus dem Blickwinkel des Kindes ansehen, werden seine Schwächen offenkundig. Wie wirkt sich das Lob auf das Selbstbild des Kindes aus? Es könnte den Eindruck bekommen, dass sein Wert als Person davon abhängt, wie weit es den Anforderungen und Werten anderer Menschen gerecht wird. »Wenn ich gelobt werde, bin ich wertvoll. Wenn ich getadelt werde, bin ich schlecht. Wenn ich ignoriert werde, bin ich wertlos.«

Wenn dieses Kind heranwächst, werden seine Lebenstüchtigkeit und seine Fähigkeit, den anfallenden Aufgaben gerecht zu werden, vollkommen davon abhängen, wie es seinen Status in den Augen anderer einschätzt. Seine Zufriedenheit wird auf- und absteigen wie ein Aufzug, bei dem die Knöpfe von anderen Menschen gedrückt werden. Lob verleitet ein Kind dazu, sich selbst in den Mittelpunkt zu stellen; seine entscheidende Frage lautet dann »Wie stehe ich da?«, und nicht: »Was erfordert die Situation?« So entsteht eine Wunschvorstellung des ständigen Gepriesenwerdens statt des realistischen Ziels, sich nützlich zu machen.

Ein anderes Kind wird vielleicht anfangen, Lob als sein gutes Recht zu betrachten. Das Leben ist unfair, wenn man nicht für jede Anstrengung gelobt wird. »Ich armes Wesen – keiner weiß mich zu schätzen.« Oder es wird zu einem Menschen, der sich zu nichts verpflichtet fühlt, wenn er dafür nicht lauthals gepriesen wird. »Und was habe ich davon? Was fällt für mich ab? Wenn mein Beitrag nicht mal gewürdigt wird, warum soll ich mir dann die Mühe machen?« Lob kann entsetzlich entmutigend wirken. Wenn die Bemühungen des Kindes dann einmal nicht die erhoffte Anerkennung einbringen, kann es daraus entweder schließen, nicht gut genug zu sein, oder zu der Ansicht kommen, dass das, was es zu bieten hat, die Mühe nicht wert ist, und aufgeben.

Wenn ein Kind sich selbst sehr hohe Ziele gesetzt hat, kann Lob sich nach Spott oder Ironie anhören, vor allem dann, wenn der Erfolg hinter dem zurückgeblieben ist, was das Kind selbst sich vorgestellt hatte. Bei einem solchen Kind führt Lob nur dazu, dass es noch ärgerlicher auf sich selbst wird und anderen übel nimmt, dass sie seine Situation nicht verstehen.

Bei all unseren Bemühungen, Kinder zu ermutigen, müssen wir auf die Reaktionen der Kinder achten. Das Augenmerk sollte sich von »Du bist gut« auf die Frage verlagern, in welcher Weise das Kind in einer gegebenen Situation geholfen hat. Alles, was das falsche Selbstbild des Kindes bestätigt, wirkt sich negativ auf seine Entwicklung aus. Dagegen ist alles ermutigend, was dem Kind zu verstehen gibt, dass es ein wichtiger Teil der (Klassen- und Familien-)Gemeinschaft ist, dass es beitragen, kooperieren, an der Situation teilhaben kann. Unabhängig von seinen Leistungen sollten wir lernen, einem Kind seinen Wert als eigenständige Person zuzugestehen.

Lob mag von demjenigen, der es ausspricht, als Ermutigung gedacht sein, aber das Kind wird das Lob auf seine eigene Person beziehen. Damit wird es zu einer Bedrohung für sein Selbstvertrauen. »Was, wenn ich das nächste Mal nicht so gut abschneide und nicht gelobt werde?« Lob sollte niemals so formuliert werden, dass sich das Kind als Person angesprochen fühlt, etwa wie in der Aussage: »Du bist ein guter Junge«. Das Ausbleiben von Lob bedeutet dann nämlich: »Du bist ein schlechter Junge.«

Lob führt dazu, die Aufmerksamkeit auf den Menschen selbst zu richten. Auf die Dauer ist hier keine echte Befriedigung und Erfüllung zu finden. Ermutigung dagegen stimuliert zu weiteren Anstrengungen und lenkt das Augenmerk auf die Fähigkeit, seinen Beitrag für die Gesellschaft zu leisten. Ermutigung hilft uns, Vertrauen in unsere innere Kraft und Lebenstüchtigkeit zu haben.

Lob konzentriert sich auf das Kind; Ermutigung konzentriert sich auf die Aufgabe. Lob führt zu selbstsüchtigem, selbstverherrlichendem Ehrgeiz; Ermutigung führt zu Partizipation und Kooperation

Die folgende Tabelle illustriert den grundlegenden Unterschied zwischen Lob und Ermutigung. Die unter »Lob« aufgeführten Aussagen sind nicht ermutigend, sondern fördern einen falschen Eindruck von persönlicher Überlegenheit.

Lob	Ermutigung
Du bist wirklich wunderbar.	Ist es nicht schön, dass du helfen kannst/dass du die Möglichkeit hast, dies zu tun?
	Wir wissen deine Hilfe wirklich zu schätzen.
	Wie ordentlich es jetzt im Klassenzimmer aussieht!
	Danke, dass du Jerome getröstet hast. Das hat wirklich geholfen.
	Deine Zeichnung gefällt mir. Die Farben passen so gut zusammen.
	Wie viel ordentlicher dein Tisch jetzt aussieht, nachdem du die ganzen Bücher weggeräumt hast.
	Toll, dass du das selber rausgekriegt hast!
	Du wirst besser!
Ich bin stolz auf dich, weil du so gute Noten bekommst. (Du stehst in meiner Wertschätzung sehr hoch.)	Ich bin so froh, dass dir das Lernen Spaß macht.
Ich bin stolz auf dich, weil du dich heute im Schulbus anständig aufgeführt hast.	Die Fahrt mit dem Schulbus hat heute allen Spaß gemacht.
Ich bin wirklich stolz auf deinen Vortrag beim Schulkonzert.	Es ist schön zu sehen, wie viel Freude du mit deinem Instrument hast.
	Wir wissen es alle zu schätzen, wie du das gemacht hast.
	Ich habe gemerkt, wie hart du arbeitest.

Bei der Arbeit mit Kindern stellt man bald fest, welche Bedeutung die eigene Stimme hat. Ein- und derselbe Satz kann ermutigend oder demotivierend wirken, je nach Tonfall und Timbre und je nachdem, in welchem Maß wir dem Kind und der Klasse mit anderen Mitteln Herzlichkeit oder Abneigung, Anerkennung oder Missbilligung vermitteln. Mit den folgenden Sätzen können Sie ein Kind ermutigen, aber Sie werden dies nur erreichen, wenn Sie zugleich Ihr Vertrauen, Ihre Zuversicht und Ihren Glauben an das Kind zum Ausdruck bringen. Wenn Sie einen belehrenden oder ungeduldigen Eindruck erwecken, werden die gleichen Sätze eher entmutigend wirken. (Der Grundgedanke hinter diesen Vorschlägen ist, dass Sie ein Kind bei etwas Konstruktivem »erwischen« sollten, so oft Sie können.)

1. »Du machst … wirklich gut.«
   Kinder sollten ermutigt werden, wenn sie es nicht erwarten und gerade *nicht* darauf aus sind. Man kann bei jedem Kind irgendeine hilfreiche Handlung oder einen Beitrag finden, auf den man hinweisen kann. Selbst ein Kommentar zu einem kleinen Detail, das in unseren Augen nicht weiter wichtig ist, könnte für das Kind sehr bedeutsam sein.
2. »Du wirst besser beim …«
   Wachstum und Fortschritt sollten wir bei allen Kindern erwarten. Sie mögen nicht so weit gekommen sein, wie wir es uns erhofft hatten, aber wenn ein Fortschritt zu erkennen ist, verringert sich die Gefahr der Mutlosigkeit. Kinder, die bei sich selbst Fortschritte sehen, geben sich meist weiterhin Mühe.
3. »Wir mögen dich, aber es gefällt uns nicht, dass du …«
   Wenn ein Kind einen Fehler gemacht oder sich schlecht benommen hat, hat es oft den Eindruck, nicht mehr gemocht zu werden. Kein Kind sollte dies jemals glauben müssen. Es ist sehr wichtig, zwischen dem Kind und seinem Verhalten, zwischen Handlungsweise und handelnder Person zu unterscheiden.

4. »Du kannst mir (uns, den anderen …) helfen, indem du …«
   Jeder Mensch braucht das Gefühl, nützlich und hilfreich zu sein. Kinder wollen helfen – und wir müssen ihnen Gelegenheit dazu geben.
5. »Versuchen wir doch zusammen …«
   Kinder, die glauben, alles perfekt erledigen zu müssen, scheuen sich oft, etwas Neues anzufangen oder etwas allein zu tun, weil sie fürchten, Fehler zu machen oder ganz zu versagen. In der Gruppenarbeit können sie sich sicherer fühlen.
6. »Du hast einen Fehler gemacht? Und was kannst du aus dem lernen?«
   Fehler sind ein unvermeidbarer Aspekt des Lernens. Tatsächlich gehört es zur Natur des Lernens, dass man die Dinge früher weniger gut erledigt hat als jetzt. Der Fortschritt ist im Lernprozess inbegriffen. Wenn wir erklären, dass wir Klavier spielen lernen, dann sagen wir damit zugleich, dass wir früher Fehler gemacht haben, die wir jetzt nicht mehr machen. Makellos zu spielen ist möglich, aber erst *nachdem* man gelernt hat, nicht während man es noch tut. Was bereits geschehen ist, können wir nicht rückgängig machen, aber wir können es reparieren oder in Zukunft besser machen. Aus Fehlern kann das Kind eine Menge lernen und es wird dies auch tun, wenn man es nicht beschämt und blamiert, nur weil es etwas falsch gemacht hat.
7. »Du willst uns einreden, dass du das nicht kannst, aber wir glauben, du kannst es doch …«
   Mit diesem Ansatz können Sie es versuchen, wenn ein Kind sagt oder erkennen lässt, dass ihm eine Aufgabe zu schwierig ist. Wenn es sich an ihr versucht und keinen Erfolg hat, dann hatte es immerhin den Mut, es zu probieren. Unsere Erwartungen sollten zu den Fähigkeiten und der Reife des Kindes passen.
8. »Versuch es noch mal. Gib nicht auf …«
   Wenn sich ein Kind Mühe gibt, aber wenig Erfolg hat, könnte man ihm auf diese Weise helfen.

9. »Ich bin sicher, du kannst das in Ordnung bringen (das Problem lösen …), aber wenn du Hilfe willst, dann weißt du ja, wo du mich findest.«
   Lehrer müssen ihr Vertrauen zum Ausdruck bringen, dass Kinder in der Lage sind, Konflikte selbst beizulegen.
10. »Ich verstehe schon, wie du dich fühlst (Verständnis und Mit*gefühl*, kein Mit*leid*), aber ich bin sicher, du kommst damit klar …«

Einen anderen Menschen zu bemitleiden ist nicht hilfreich; es vermittelt lediglich die Vorstellung, dass das Leben ihn unfair behandelt hat. Verständnis für die Situation zu haben (Mitgefühl) und an die Fähigkeiten des Kindes zu glauben ist sehr viel hilfreicher.

Alles, was wir in diesem Kapitel vorgeschlagen haben, ist von entscheidender Bedeutung für den Erziehungsprozess. Erfolg bringt Erfüllung, Selbstakzeptanz und den Glauben an das eigene Können mit sich. Frustration und Mutlosigkeit führen zu unterdrückter oder offener Aggression, zu Konflikten und abweichendem Verhalten. Nur wenn das Kind sich selbst mit seinen Bedürfnissen, Zielen und Einstellungen versteht und ein Gespür für den Umgang mit anderen Menschen entwickelt, kann es eine aktive Rolle im Erziehungsprozess übernehmen.

In idealisierter Form lässt dieser sich in den folgenden Sätzen zusammenfassen:

Voraussetzungen für effektive Lernprozesse:

- Die Kinder lernen mit Begeisterung und Freude an der Sache.
- Sie lernen Kooperation zum Wohl der Gemeinschaft, in der sie leben.
- Sie lernen Disziplin durch intrinsische Motivation.
- Sie lernen Verantwortung zu übernehmen, weil ihnen Verantwortung übertragen wird.

- Sie lernen, anderen gegenüber sensibel und einfühlsam zu sein.
- Sie lernen, zuversichtlich zu sein und darauf zu vertrauen, dass sie den Unwägbarkeiten des Lebens gewachsen sind.
- Sie lernen Selbstachtung, denn sie dürfen ohne Scham und Schuldgefühle lernen.
- Sie lernen sich selbst zu mögen, denn sie werden akzeptiert, so wie sie sind.
- Sie lernen zu lieben und zu wachsen, denn sie leben mit Freundschaft und Akzeptanz.
- Sie lernen die Grundlagen und Grundkenntnisse der Kultur, in der sie leben.
- Sie lernen zu argumentieren und Entscheidungen zu treffen, weil sie an Entscheidungsprozessen beteiligt werden.
- Sie lernen, andere zu würdigen und die Beiträge anderer zu respektieren.
- Sie lernen Selbstvertrauen, denn sie leben mit Ermutigung.

▸▸▸ Logische Konsequenzen statt Strafen

Bestrafung wirkt nur bei Kindern, die sie nicht benötigen, weil man mit ihnen vernünftig reden kann. Diejenigen, die der Erzieher durch die Bestrafung beeindrucken will, schütteln sie als unvermeidlichen Teil der Kriegführung von sich ab.

RUDOLF DREIKURS,
»Psychologie im Klassenzimmer«

Wenn die Lehrerin ein Kind bestraft, fällt die Reaktion des Kindes etwa so aus: »Wenn die das Recht hat, mich zu bestrafen, habe ich ja wohl das Recht, sie zu bestrafen.« Dies ist der Hauptgrund dafür, dass in unseren Klassenzimmern so häufig Vergeltungsmaßnahmen stattfinden. Nichtsdestoweniger erwarten sich viele Lehrer nach wie vor positive Resultate von einer Methode, die im besten Fall kurzfristigen Gehorsam erzielt. Bestrafung ist eine autoritäre Methode des Machterhalts, die in unserer modernen Gesellschaft keinen Platz mehr haben sollte.

Schon im 19. Jahrhundert wies der angesehene englische Philosoph und Soziologe Herbert Spencer auf die Wirkungslosigkeit von Strafen in einem demokratischen Umfeld hin und legte die Unterschiede zwischen Strafen und natürlichen Konsequenzen dar. Im 20. Jahrhundert erweiterte der bekannte Schweizer Entwicklungspsychologe Jean Piaget diese Überlegungen, indem er zwischen restributiver Gerechtigkeit (»Strafgerechtigkeit«) und distributiver Gerechtigkeit unterschied, wobei Letztere die Macht der gesellschaftlichen Wirklichkeit und der sozialen Gruppe repräsentiert.

Sie werden vielleicht die Ansicht teilen, Belohnung und Bestrafung in der Kindererziehung seien unabdingbar. Dies ist eine sehr weit verbreitete Meinung. Aber Belohnung und Bestrafung haben schädliche Auswirkungen auf die Entwicklung des Kindes, vor allem in der modernen, westlichen Gesellschaft. Nur in einer autoritär strukturierten Gesellschaftsordnung stellen sie ein notwendiges und wirkungsvolles Instrument zur Aufrechterhaltung der Konformität dar. Sie beruhen auf der Annahme, dass bestimmte Personen über eine höhere Autorität verfügen als andere und dass diesen Personen somit die Kontrolle obliegt. In einer demokratischen Gesellschaft herrscht dagegen Gleichberechtigung, was auch bedeutet, dass keiner ohne Weiteres das Recht hat, einen anderen zu bestrafen. Viele Menschen haben allerdings nach wie vor Schwierigkeiten, dieses Konzept umzusetzen, sei es zu Hause, im Klassenzimmer oder am Arbeitsplatz.

In einer demokratisch-partnerschaftlich geprägten Atmosphäre sind die Kontrollmöglichkeiten von Eltern und Lehrern über Kinder eingeschränkt. Das Kind kann durch Druck von außen nicht mehr zu einem bestimmten Verhalten »gebracht« werden. Es beginnt, Belohnungen als sein gutes Recht zu betrachten und weigert sich, etwas zu leisten, wenn keine Belohnung folgt. Umgekehrt glaubt das Kind, seinerseits die Erwachsenen bestrafen zu dürfen, wenn es selbst bestraft wurde.

Wenn Sie Einfluss auf die Entwicklung von Kindern nehmen wollen, werden Sie feststellen, dass die in diesem Buch beschriebenen Methoden zu den Erfordernissen einer demokratischen Gesellschaft passen. Zunächst einmal muss das System von Belohnung und Bestrafung überwunden werden. Das bedeutet nicht, sich stattdessen auf ein permissives Verhalten zu verlegen. Permissivität führt oft genug zu Chaos und Anarchie im Klassenzimmer. Wählen Sie stattdessen Methoden, die auf den Vorgaben eines partnerschaftlichen Systems, wechselseitigen Respekts und einer geordneten Arbeitsatmosphäre beruhen.

In einer Atmosphäre der wechselseitigen Achtung werden Aufgaben erledigt, weil sie erledigt werden müssen, und Befriedigung ergibt sich aus der harmonischen Zusammenarbeit mehrerer Personen. Kinder brauchen nicht bestochen zu werden, um sich »gut« zu benehmen. Sie *wollen* sich gut benehmen. Gutes Benehmen bei Kindern erwächst aus ihrem Bedürfnis, dazuzugehören, sich nützlich zu machen und zu kooperieren. Wenn wir ein Kind bestechen, um uns sein Wohlverhalten zu sichern, zeigen wir ihm letzten Endes, dass wir ihm nicht trauen, und auch dies ist eine Form der Entmutigung. Das Prinzip, Kinder für akzeptables Verhalten zu belohnen, ist ebenso kontraproduktiv wie ein System von Strafen. Es gibt keine Belohnung, die für das Kind wirklich zufriedenstellend wäre.

Wirkliche Zufriedenheit entsteht aus dem Gefühl, Teil einer Gruppe zu sein und zu Ihrem Wohl beitragen zu können. Kinder, die zu Rivalität und Wettbewerb erzogen wurden, fühlen sich nur »würdig«, wenn sie ganz oben stehen. Wenn sie nicht »gewinnen«, sind sie unglücklich und kommen sich minderwertig vor. Dagegen wissen Kinder, die in einer kooperativen Atmosphäre aufwachsen, dass sie schon durch ihre bloße Existenz ein vollwertiger Teil der Gemeinschaft sind.

Manche Lehrer glauben, Kinder würden ohne Bestrafung oder doch wenigstens ohne die Androhung von Strafen nicht kooperieren und nicht arbeiten. In der Vergangenheit gab es sogar die Auffassung, körperliche Strafen seien die einzige Möglichkeit, Disziplin aufrechtzuerhalten. Aber in unserer heutigen Gesellschaft – und vom Standpunkt unserer Gesetzgebung her – gelten solche Methoden als überholt und kontraproduktiv. Lehrer, die sich in der Vergangenheit auf dieses Druckmittel verlassen haben, müssen neue Methoden finden. Im Rahmen dieser Suche nach neuen verbindlichen Regeln für den Umgang mit Kindern wurden in Schulen, Jugendzentren und anderen Stätten, an denen Kinder in der Gruppe verkehren, Kataloge von Verhaltensnormen aufgestellt.

Alle jüngeren Untersuchungen in den Bereichen Unterricht und Erwachsenen-Kind-Beziehungen sind zu dem Ergebnis gekommen, dass Bestrafung im allerbesten Fall nur der vorübergehenden Abschreckung bei wiederholtem Fehlverhalten dient. (In der Verhaltensmodifikation werden Belohnungen als vorübergehende »Krücken« eingesetzt.) Der Lehrer oder die Lehrerin mag in dem Augenblick, in dem die Strafe ausgesprochen wird, eine gewisse Befriedigung verspüren, aber als Erziehungsmaßnahme ist sie nutzlos. Jetzt fragen Sie vielleicht: »Aber wie kann ich ein Kind ohne das Druckmittel der Strafandrohung erziehen?«

Die wirkungsvollsten Erziehungsmaßnahmen beruhen auf der Erkenntnis, dass menschliche Wesen im Grunde lieber kooperieren als wetteifern. Schon Alfred Adler war der Meinung, allein die Kooperation habe zur vollen Entfaltung des menschlichen Potentials in Kunst, Musik und Wissenschaft geführt. Als Individuen sind Menschen vergleichsweise ineffizient und schwächlich, wenn man sie mit schnellen, starken Tieren vergleicht; wenn sie aber kooperativ zusammenarbeiten, sind sie in der Lage, nicht nur zu überleben, sondern sich weiterzuentwickeln und große Leistungen zu erbringen.

Der partnerschaftlich denkende Lehrer wird eher natürliche und logische Konsequenzen einsetzen als Strafen. Bestrafung provoziert Vergeltungsmaßnahmen seitens des Kindes und ist keine wirkungsvolle Unterrichtsmethode. Logische Konsequenzen werden lediglich durch den Erwachsenen strukturiert und sollten, wann immer es möglich ist, im Voraus mit dem Kind abgesprochen worden sein; das Kind muss in der Lage sein, sie als folgerichtig zu erkennen. Wenn das Kind sie nicht als notwendige Folge seines Verhaltens deuten kann, wird es die Konsequenz als Strafe empfinden. Der Einsatz der Methode erfordert also Geschick, Behutsamkeit und Einfühlungsvermögen. Wenn das Kind die Konsequenz als logisch anerkennt, wird es auch in der Lage sein, seine Handlungsweise und ihre Folgen als Erfahrung zu verbuchen und daraus zu lernen. Logische Konsequenzen sollten niemals als Mittel in einem Machtkampf eingesetzt werden, wo sie sich unweigerlich rächen würden.

Natürliche Konsequenzen beruhen auf dem natürlichen Gang der Dinge; sie treten ohne Einmischung oder auch nur Beteiligung des Erwachsenen ein. Wir nennen sie »natürlich«, weil die Folge eines bestimmten Verhaltens das Ergebnis der Wirkungsweise der Realität (und so gesehen der Natur) ist. Wenn ein Erwachsener an einem Tag, für den Regen vorhergesagt wurde, ohne

Regenschirm einkaufen geht und als unmittelbare Folge dieses Versäumnisses vollkommen durchnässt nach Hause kommt, dann ist dies ein Beispiel für »natürliche Konsequenzen«. Wir alle machen im Alltagsleben ständig solche Erfahrungen und sie sind die besten »Erziehungs«-Methoden, die man sich vorstellen kann.

Im Folgenden eine Auflistung möglicher Gründe für den Einsatz logischer und natürlicher Konsequenzen und eine Anleitung, was dabei zu beachten ist:

- Wir wollen dem Kind zu verstehen geben, dass es in der Lage ist, sein Problem zu lösen – nicht, dass es tun muss, was wir beschlossen haben.
- Wir sollten Kindern ihre Verantwortung nicht abnehmen; ebenso wenig sollten *wir* anstelle der Kinder die Folgen ihrer Handlungsweise zu tragen haben.
- Wir haben nicht das Recht, Kindern unseren Willen aufzuzwingen. Dagegen haben wir die Verpflichtung, sie anzuleiten, und wir sind außerdem verpflichtet, unangemessenen Forderungen nicht nachzugeben.
- In einer demokratischen Gesellschaft haben wir nicht das *Recht*, Kinder zu bestrafen. Wir sind verpflichtet, uns Führungsqualitäten anzueignen. Ein demokratisches System verlangt von uns, dass wir kompetente Führungspersönlichkeiten werden.
- Wir können angemessenes Verhalten nicht mehr erzwingen; wir können es lediglich anregen.
- Wenn wir logische Konsequenzen anwenden, sollten wir nicht zu viel erinnern, drohen, schmeicheln und reden.
- Wir sollten im Gedächtnis behalten, dass logische Konsequenzen zu einer Bestrafung werden, wenn wir sie als Drohung oder im Ärger einsetzen.
- Wir sollten es vermeiden, logische Konsequenzen als verkappte Strafen einzusetzen. Viele Lehrer und Eltern missbrauchen sie auf diese Weise. Sie versuchen sich selbst und/oder die

Kinder zu täuschen, indem sie das Wort »Strafe« durch eine hübscher klingende Bezeichnung ersetzen. Wenn die Verknüpfung zwischen Fehlverhalten und Konsequenz nicht mit der inhärenten Logik des menschlichen Zusammenlebens und des Gruppenwohls übereinstimmt und vom Kind nicht freiwillig als folgerichtig anerkannt wird, dann handelt es sich um eine Strafe, ganz gleich, wie wir sie nennen, und sollte nicht verwendet werden.

- Denken Sie daran, dass eine »Auszeit« vom Kind in der Regel als Strafe aufgefasst wird.

Es bietet sich nicht immer und in jeder Situation eine natürliche oder logische Konsequenz an. Aber wenn Erwachsene sich angewöhnen, logischen Konsequenzen in ihr Denken mit einzubeziehen, werden sie kreativer und oft lassen sich brauchbare Methoden finden. Fragen Sie sich: »Was würde passieren, wenn ich nicht eingriffe?«

Logische Konsequenzen sind sehr wirkungsvolle Erziehungsmethoden bei Kindern, die Ziel Nr. 1 (S. 54f.) erkennen lassen. Bei den Zielen Nr. 2 und 3 (S. 57–61) sollten nur natürliche Konsequenzen angewandt werden. Verzichten Sie bei Kindern, bei denen Sie Ziel Nr. 4 (S. 62f.) vermuten, auf beide.

Einsatz logischer Konsequenzen	Einsatz von Strafen
Ein Lernprozess	Ein Urteilsprozess
Erwachsene/r übernimmt die Rolle des Erziehers	Erwachsene/r übernimmt die Rollen von Polizei, Richter und Gefängniswärter
Erwachsene/r ist verständnisvoll und mitfühlend	Erwachsene/r ist verärgert
Erwachsene/r ist an der Situation und ihrer Auflösung interessiert	Erwachsene/r ist an Vergeltung interessiert
Erwachsene/r versucht objektiv zu bleiben (wenig emotionale Verstrickung)	Erwachsene/r ist oft parteiisch (erhebliche emotionale Verstrickung)

Einsatz logischer Konsequenzen	Einsatz von Strafen
Reflektiert die gesellschaftliche Ordnung, nicht die Person	Reflektiert die Macht einer Autoritätsperson
Konsequenz folgt erkennbar aus dem Fehlverhalten	Willkürlich hergestellte Verbindung zwischen Fehlverhalten und Konsequenz
Kein Element moralischer Verurteilung	Enthält unweigerlich ein Element moralischer Verurteilung
Augenmerk auf der Zukunft	Augenmerk auf der Vergangenheit
Das Kind wird respektiert	Das Kind wird gedemütigt und herabgesetzt
Unterscheidet zwischen Handlung und handelnder Person	Stempelt das Kind als »Sünder« ab
Das Kind wird akzeptiert, sein Verhalten nicht	Impliziert die Wertlosigkeit des Kindes
Fest aber fair	Häufig unfair
Ruhiger, freundlicher Ton	Lauter, ärgerlicher Ton
Dem partnerschaftlichen Ansatz angemessen	Dem partnerschaftlichen Ansatz nicht angemessen

Viele bedeutende Philosophen und Erzieher haben schon immer die Ansicht vertreten, Strafen seien nutzlos, wenn es darum ginge, das menschliche Verhalten zu verbessern. Moderne Studien haben gezeigt, dass man mit Bestrafung ein Verhalten im besten Fall zeitweise unterdrücken kann. Zudem bringen Strafen sehr häufig unerwünschte und unerfreuliche Reaktionen mit sich, die viel schlimmer sein können als das ursprüngliche Verhalten, das mit der Strafe »kuriert« werden sollte. Wenn anstelle von Strafen logische und natürliche Konsequenzen eingesetzt werden, übernimmt quasi die Realität die Autoritätsposition des erwachsenen Erziehers. Die Wirklichkeit bestimmt unser Verhalten als Erwachsene – warum sollte sie das gleiche nicht auch bei Kindern tun?

Auch Kinder lernen aus Lebenserfahrungen, wenn wir ihnen die Wirklichkeit nahebringen und sie behutsam natürliche

Konsequenzen erfahren lassen, statt sie für ihr Verhalten zu bestrafen.

Es ist nicht immer einfach, zwischen logischen Konsequenzen und Strafe zu unterscheiden. Manchmal verrät sich der Unterschied im Tonfall der Lehrerin und er verrät sich unweigerlich in der Einstellung dem Kind gegenüber. Wenn die Lehrerin sagt »Wir werden ja sehen, was passiert«, um das Kind auf die natürlichen Konsequenzen vorzubereiten, dann kann dies sowohl eine Warnung vor der möglichen Entwicklung der Dinge als auch eine Drohung darstellen. Werden die Worte in freundlichem Ton gesagt, können sie hilfreich sein; klingen sie ärgerlich, fasst das Kind sie als die Ankündigung einer Bestrafung auf. Logische und natürliche Konsequenzen geben Kindern die Möglichkeit zu entscheiden, was sie im Hinblick auf eine Situation tun können und wollen.

Was tun viele Lehrer, wenn sie sich einer lärmenden Schulklasse gegenübersehen? Sie fügen dem Krach den ihrer eigenen Stimme hinzu. Stattdessen könnten sie die Stimme auch senken – oder ganz verstummen. Die Kinder werden dann von selbst dafür sorgen, dass es in der Klasse ruhig wird. Es ist von entscheidender Bedeutung, dass der Lehrer sich verhält wie ein unbeteiligter Zuschauer und den Kindern auf diese Weise beibringt, auf die Anforderungen der Situation zu reagieren und nicht auf die individuellen Forderungen des Lehrers. In dem Augenblick, in dem man sich ärgert, nimmt man die Situation persönlich und damit wird die beste Konsequenz zu einem ebenso willkürlichen wie wirkungslosen Vergeltungsakt.

Es folgen Beispiele dafür, wie man ein Problem ohne Streit und Gesichtsverlust lösen kann:

Ein Mädchen im Kindergarten weigerte sich standhaft, ins Zimmer zu kommen, wenn man ihm nicht gut zuredete. Eines Tages beschloss die Kindergärtnerin, ihm keine Extrabehandlung zuteil werden zu lassen, sondern ließ ihm stattdessen die Wahl, ob es hereinkommen wolle oder nicht. Als das Mädchen sah, dass der Tag mit einer Spielstunde begann, beschloss es sich dazuzugesellen. Danach kam es jeden Tag freiwillig herein.

Wenn ein Kind im Leseunterricht nicht zuhört, wäre die logische Konsequenz, es beim Reihum-Vorlesen zu überspringen. Die meisten Kinder mögen es, laut vorzulesen, denn es gibt ihnen Gelegenheit, im Rampenlicht zu stehen. Mit dieser Konsequenz kann man dem Kind beibringen, aufmerksamer und rücksichtsvoller zu werden.

Wenn eine ganze Klasse von Grundschulkindern unaufmerksam ist, kann die Lehrerin sich an ihren Schreibtisch setzen und dort zu arbeiten beginnen. Den Kindern kann sie sagen: »Wenn ihr so weit seid, dass ihr etwas lernen wollt, sagt mir Bescheid.« Es ist erstaunlich, wie oft die Kinder sich dann einen Sprecher aus ihrer Mitte suchen, der sich an die Lehrerin wendet. Bei älteren Kindern ist dies weniger aussichtsreich und man sollte es auch nur in Klassen versuchen, die bereits eine gewisse Übung in demokratischen Entscheidungsprozessen haben.

Ein kleines Mädchen hatte sich die Unart zugelegt, ständig auf dem gekippten Stuhl herumzuschaukeln, bis er umfiel. Schließlich entfernte der Klassenlehrer ohne ein Wort den Stuhl, so dass das Mädchen am Tisch stehen musste. Mit seinem ruhigen Eingreifen gelang es dem Lehrer, einen Machtkampf zu vermeiden und das Kind zu beeindrucken. Hätte er es zurechtgewiesen, hätten andere Schüler vielleicht das Gleiche versucht und das Kind selbst hätte weitergemacht. Das Handeln des Lehrers ist immer wirkungsvoller als Tausend Worte.

Kein Lehrer kann jedoch logische Konsequenzen folgen lassen, wenn er ärgerlich oder verstört ist. Konsequenzen müssen eine logische oder natürliche Folge eines Vorfalls sein. Einem Lehrer mit etwas Phantasie fallen vermutlich mehrere solcher Konsequenzen ein, mit denen man kooperatives Verhalten in der Klasse fördern kann. Eine Klasse in einer partnerschaftlichen Atmosphäre zu unterrichten ist ein Vergnügen.

▸▸▸ Konfliktlösung und der Umgang mit renitenten Kindern

Wesentlich für die demokratische Klasse ist eine Kombination von Festigkeit und Freundlichkeit, die der Lehrer in seiner Haltung den Kindern gegenüber ausdrückt. Festigkeit ist Teil der Selbstachtung; Freundlichkeit gehört zur Achtung vor den anderen … Konflikte können ohne Kampf und Nachgeben gelöst werden, indem jeder sich selbst und den anderen achtet.

R. Dreikurs, B.B. Grunwald und F.C. Pepper,
»Lehrer und Schüler lösen Disziplinprobleme «

Ein fünfjähriger Junge brüllt: »Ms. Abrams, wer ist hier der Boss – Sie oder ich?« Das könnte man als einen frechen Scherz betrachten, aber sehen wir uns doch einmal an, worum es hier wirklich geht. Die Zeiten, in denen ein Kind sich selbst als dem Erwachsenen unterstellt betrachtete, sind vorbei. Wir als Pädagogen müssen anerkennen, dass jedes Kind einzigartig ist und Anspruch auf unseren Respekt und die Anerkennung seiner Würde hat. Erst dann kann wechselseitiges Vertrauen aufgebaut werden. Und erst dann werden Lehrer in ihrer Beziehung zu ihren Schülern wirklich etwas bewirken können.

Wenn das Kind sechs oder sieben Jahre alt ist, hat es dank seiner Vertrautheit mit den Massenmedien bereits eine sehr umfassende Vorstellung von der Welt, wobei seine Quellen vor allem das Fernsehen, Filme auf DVD und das Internet sind. Wir dürfen dabei nicht vergessen, dass Kinder gute Beobachter, aber naturgemäß sehr schlechte Ausleger des Gesehenen sind und jemanden brauchen, der ihre Beobachtungen in den richtigen Zusammenhang bringt. Dies erfordert Einfühlsamkeit, sorgfältiges Zuhören und den Willen, zu verstehen und zu helfen, indem man das Kind mit dem Entscheidungsfindungsprozess vertraut macht. Wenn dies nicht geschieht, werden Kinder früh zu kleinen Tyrannen und wachsen mit der Zeit zu großen Tyrannen heran, die ihre Ehe- und Lebenspartner, Kinder, Kollegen und Nachbarn schikanieren. Kleine Tyrannen tyrannisieren ihre Eltern, Spielgefährten, Mitschüler, Kindergärtner und Lehrer. Viele Kinder haben die dazugehörigen Verhaltensmuster bereits verinnerlicht, bevor sie aus dem Laufstall herausgewachsen sind.

Als Lehrer erkennen Sie die Symptome und wenden im Umgang mit dem Kind die Prinzipien und Methoden der Konfliktlösung an. »Weder streiten noch nachgeben« ist die beste Reaktion. Viele Lehrer wissen nicht, dass man unweigerlich verliert, wenn man sich auf einen Machtkampf mit einem Kind einlässt. Kinder sind begnadete Manipulatoren; kein Lehrer hat gegen sie eine Chance.

Die meisten Menschen glauben, man könne den Anderen in einer Konfliktsituation mit Hilfe von Worten »ändern«; auch Lehrer, die ein Kind zu etwas bewegen wollen, neigen zu dieser Fehleinschätzung. Bei einem richtigen Streit hören Kinder oftmals aber nicht zu und die Worte fallen oft verletzender aus als gewollt. Auch bei einem Wutanfall ist es vollkommen sinnlos, mit dem Kind reden zu wollen. In Ruhe abzuwarten, bis der Anfall vorbei ist, oder das Kind ruhig und entschieden aus dem Raum zu entfernen, ist sehr viel wirkungsvoller. Tatsächlich wäre es in diesem Moment das Schlimmste, was Sie tun können, mit dem Kind zu reden, denn vermutlich ist dies genau das, was es erreichen will, und der Lehrer würde damit ganz einfach auf die Manipulationsversuche des Kindes hereinfallen.

Im menschlichen Zusammenleben sind Konflikte angesichts der höchst unterschiedlichen Meinungen, Interessen und Lebensziele unvermeidbar. In besonderem Maß gilt dies für Lehrer und Schüler im Klassenzimmer. In der Vergangenheit wurden solche Konflikte von der Autoritätsperson der Gruppe beigelegt. Der Lehrer hatte eine Machtstellung inne; er setzte seine Autorität ein und zwang die Kinder zu einem angemessenen Verhalten. Aber in einer gleichberechtigten Gesellschaft ist niemand mehr willens, eine solche Machtverteilung hinzunehmen. Heute widersetzen sich Kinder dieser Art von autoritärer Alleinherrschaft. Lehrer versuchen die Kinder zu tyrannisieren, Kinder versuchen die Lehrer zu tyrannisieren und beide Seiten leiden an ihrer Unfähigkeit, miteinander auszukommen.

Wenn Sie allerdings wissen, wie Sie mit Konflikten umgehen können, werden Sie feststellen, dass das Unterrichten eine erfüllende und angenehme Tätigkeit ist. Nehmen wir ein typisches Klassenzimmerproblem:

Ricardo weigert sich, seine Aufgabe zu machen, und stört den Rest der Klasse. Was tut die Lehrerin in einer solchen Situation?

Als erstes protestiert sie und teilt ihm mit, wie falsch es ist, was er tut; angesichts seiner Sturheit gibt sie irgendwann erschöpft auf. Die bessere Lösung wäre gewesen, genau das Gegenteil zu tun. Wenn das renitente Kind auf der Suche nach Streit ist und Forderungen stellt, sagen Sie zunächst einfach »Vielleicht hast du da nicht unrecht!«, und danach tun Sie dann genau das, was Sie für richtig halten. Der Schüler kann nur so lange den Tyrannen spielen, wie Sie sich auf die Auseinandersetzung einlassen. Wenn Sie versuchen, ihn mit Worten zu einem besseren Benehmen zu bewegen, haben Sie sich in einen Kampf verwickeln lassen, den Sie nicht gewinnen können. Machen Sie nicht den Fehler zu glauben, Sie müssten hier ein Problem lösen, weil Ihr persönlicher Status auf dem Spiel steht. Sowohl das störende Kind selbst als auch der Rest der Klasse wird es durchaus richtig einschätzen, wenn Sie sich nicht provozieren lassen und nicht auf einem Sieg bestehen. Ihrer Würde tut dies keinen Abbruch – im Gegenteil, die Klasse wird Ihre Diplomatie respektieren und anerkennen, dass Sie den eigentlichen Konflikt gelöst haben, indem Sie der direkten Auseinandersetzung aus dem Weg gegangen sind.

Niemand erreicht etwas, indem er sich auf einen Kampf einlässt oder geschlagen gibt, aber die meisten von uns tun genau das, wenn sie es mit einem Tyrannen zu tun bekommen, sei er nun ein Erwachsener oder ein Kind: Sie lassen sich in eine Auseinandersetzung verwickeln und irgendwann geben sie sich dann geschlagen. Wenn der Tyrann ein Schüler ist, wird es ihm in aller Regel schließlich gelingen, dem Lehrer seinen Willen aufzuzwingen. Wir als Pädagogen sollten uns über dieses einfache Stück Klassenzimmerrealität im Klaren sein. Ein Lehrer, der die vier Ziele von störenden, nicht kooperierenden Kindern kennt, wird eher in der Lage sein, mit Konfliktsituationen umzugehen und zu erkennen, dass der Konflikt vielleicht vom Kind ausgelöst wurde, aber nur aufgrund der Einstellungen und Reaktionen des Lehrers weitergeführt wird.

In unserer demokratisch geprägten Gesellschaft ist niemand mehr gewillt, Unterdrückung und Niederlagen hinzunehmen. Lehrer müssen lernen, Kinder positiv zu beeinflussen, statt sie zu etwas zu zwingen. In einem partnerschaftlich geleiteten Klassenzimmer können wir mit Hilfe soziometrischer Tests und durch den Einsatz der Gruppendynamik sozialen Einfluss geltend machen. Wechselseitiger Respekt ist eine Grundvoraussetzung, wenn Konflikte beigelegt werden sollen. Die Techniken, mit denen Konflikte in einem partnerschaftlichen System beigelegt werden können, wurden von Alfred Adler schon zu Beginn des 20. Jahrhunderts dargelegt, sind aber bis heute nicht hinreichend bekannt geworden.[8]

Es folgen vier Prinzipien, die uns helfen, harmonische Arbeitsbedingungen zu schaffen. Sie wurden von Rudolf Dreikurs[9] als Grundlage für das Lösen von Konflikten in einem demokratisch-partnerschaftlichen Umfeld formuliert – für die Verwendung im Klassenzimmer oder an jedem anderen Ort, an dem Konflikte beigelegt werden müssen.

1. Streiten Sie nicht und geben Sie nicht nach. Wenn Sie streiten, missachten Sie die Würde des Kindes. Wenn Sie nachgeben, missachten Sie Ihre eigene Würde.
2. Man muss herausfinden, worum es in dem Konflikt eigentlich geht. Das wirkliche Anliegen ist selten identisch mit dem Sach-

verhalt, wegen dem scheinbar gestritten wird. Oft geht es um Statusfragen, Kränkungen, Machtkämpfe, Eitelkeit, Ehrgeiz oder andere rein private Anliegen.

Wenn bei einem Konflikt zwischen Lehrer und Schüler ein Kind unter zehn Jahren beteiligt ist, ist es (wie bereits beschrieben) verhältnismäßig einfach herauszufinden, welches Ziel das Kind wirklich verfolgt. Bei Teenagern wird es schwieriger, weil hier zusätzliche Anliegen wie der Wunsch nach »Action«, Verabredungen und Sex sowie der Druck durch die Gruppe der Gleichaltrigen eine Rolle spielen. Von den anderen akzeptiert werden zu wollen ist in diesem Alter ein sehr wichtiger Beweggrund. Bei Erwachsenen schließlich spielen in Konflikten oft das Verlangen nach Macht und Prestige eine Rolle. Wenn Sie das wirkliche Anliegen hinter einem Konflikt erkennen, sind Sie dem Ziel einer harmonischen und kooperativen Klasse schon ein gutes Stück näher gekommen.

3. Einigen Sie sich in der Frage, was Sie tun wollen. Man möchte zunächst immer, dass der andere sich ändert.

   Die einzige Person, bei der Sie verfügen können, dass sie sich ändern soll, sind Sie. Wenn Sie es tun, verändern Sie zugleich die gesamte Beziehung. Sich aus dem Konflikt zu lösen ist der erste Schritt zu einem besseren Übereinkommen zwischen Lehrer und Kind.

   Wenn sich zwei Menschen streiten, so tun sie dies aus freiem Willen. Denn damit es überhaupt zu einem Streit kommt, muss jede der Parteien in entsprechender »Kampflaune« sein. Erst wenn einer der Beteiligten innehält und sich überlegt, was er selbst tun könnte, um den Konflikt beizulegen, ist eine Lösung möglich. Nur daran zu denken, was der Gegner tun sollte, lässt keinerlei Spielraum übrig und es ändert sich nichts.

   Sie brauchen also ein neues Übereinkommen. Mitten in einem Konflikt hält dies kaum jemand für möglich. Aber tatsächlich beruht alles, was in einer Beziehung geschieht, auf Übereinkommen, Kommunikation und der Teilnahme aller.

Wenn man die eigene Rolle abändert, wird ein neues Übereinkommen unvermeidbar. In der Regel denkt man nur an das, was der Gegner tun sollte, statt sich zu überlegen, was man selbst in der Lage ist zu tun.
4. Lassen Sie alle an dem Konflikt beteiligten Parteien an der Entscheidungsfindung teilhaben. Sobald ein Kind sprechen kann, sollten wir ihm zuhören – wir brauchen eine demokratisch ausgerichtete Führung, die weder streitet noch nachgibt, sondern zusammenführt.

Konflikte können nur durch geteilte Verantwortung und unter Beteiligung aller Parteien gelöst werden. Gleichberechtigung bedeutet nicht, dass jeder tun kann, was ihm gerade passt. Auch in einer gleichberechtigten Gesellschaftsordnung brauchen wir noch Führungsfiguren, die Streit schlichten und Übereinkünfte erreichen können.

In Kapitel 12 geht es unter anderem um die wöchentlichen Gruppendiskussionen, bei denen alle Schüler sich an der Suche nach Lösungen beteiligen. Mit dieser fest eingeplanten Einrichtung können die meisten Konflikte, die im schulischen Alltag entstehen, geklärt werden. Treten dennoch Konflikte auf, so beachten Sie folgende Punkte:

- Respektieren Sie Ihr Gegenüber.
- Streiten Sie nicht und geben Sie nicht nach.
- Identifizieren Sie das Anliegen.
- Ändern Sie, falls nötig, eine früher getroffene Abmachung.

Wenn wir einen Konflikt beizulegen versuchen, sollte uns klar sein, dass wir die Einstellung unseres Gegenübers nur ändern können, wenn wir zunächst unsere eigene Einstellung ihm gegenüber ändern. Das Geheimnis dabei ist, dass sich die Veränderung bei unserem Gegenüber automatisch einstellen wird, sobald sich bei uns selbst eine Veränderung eingestellt hat. Wenn wir dem Gegenüber Bewegungsfreiheit lassen, wird es sich in unsere Richtung bewegen.

Bei allen zwischenmenschlichen Problemen lautet ein Schlüsselbegriff »wechselseitiger Respekt«. Selbst ein Angeber der übelsten Sorte, sei er Kind oder Erwachsener, hat schon aufgrund der schlichten Tatsache, dass er ein Mensch ist, ein Anrecht auf unsere Achtung. Vielen schwierigen Kindern bedeutet unser Respekt sogar sehr viel, weil sie so unsicher sind.

Maßnahmen zur Konfliktlösung[10]:

1. Verlieren Sie nicht die Fassung, sonst verlieren Sie auch die Diskussion.
2. Denken Sie daran, Sie versuchen eine Übereinkunft zu erreichen, keinen weiteren Streit.
3. Entschuldigen Sie sich, wenn Sie im Unrecht sind, auch wenn es sich um eine Kleinigkeit handelt.
4. Versuchen Sie nicht überlegen zu wirken.
5. Gehen Sie auf die Aussagen oder Kommentare Ihres Gegenübers ein.
6. Sie sollten die Wirkung Ihrer Forderungen kennen und vertreten können.
7. Denken Sie daran, zwischen Tatsachen und Meinungen unterscheiden zu können, ist ein Zeichen von klarem Verstand und zeugt von intellektueller Integrität.
8. Bleiben Sie bei der Sache, die Sie vertreten; verfolgen Sie Ihre Ziele, aber stellen Sie Ihr Gegenüber nicht bloß.
9. Reden Sie nicht um den Brei herum; sagen Sie, was Sie meinen, und meinen Sie, was Sie sagen. Wenn Sie die Wahrheit wollen, bieten Sie Wahrheit an.
10. Diskutieren Sie unterschiedliche Standpunkte immer offen und ohne Hintergedanken. Sie werden es schon merken, sollten Sie einmal zu weit gegangen sein, und Ihr Gewissen dankt es Ihnen, wenn Sie gute Absichten verfolgen.

Solange wir aufsässige Schüler in unseren Schulen als Ungeheuer betrachten, werden sie sich dementsprechend verhalten. Wenn wir sie dagegen als menschliche Wesen respektieren und ihnen in aller Aufrichtigkeit einen gleichberechtigten Status zugestehen, ohne ihr schlechtes Verhalten durchgehen zu lassen, haben wir eine Chance auf ein friedliches Zusammenleben und vielleicht sogar darauf, ihre Kooperation zu gewinnen. Dies gilt umso mehr, je jünger das Kind ist. Kleine Kinder können tyrannisch und destruktiv sein, aber mit den in diesem Buch vorgestellten Gedanken und Methoden kann der Lehrer lernen, das Vertrauen und die Kooperation solcher Kinder zu gewinnen.

▸▸▸ Gemeinschaftsgefühl in der Klasse herstellen

Betrachten Sie Ihre Klasse als einen Spiegel Ihrer eigenen Persönlichkeit, fühlen Sie sich nur dann sicher, wenn die Kinder gehorchen, und überfordert, wenn sie stören? Oder haben sie aufrichtig das Gefühl, Ihrer Klasse als ein Mitglied der Gruppe anzugehören?

RUDOLF DREIKURS

Es ist traurig, wenn wir mehr Zeit damit verbringen, gegen ein schlecht erzogenes Kind anzukämpfen, als damit, ihm beizubringen, wie es seinen Platz in einer Gruppe finden kann. In den vorangegangenen Kapiteln haben wir herausgefunden, was ein Kind antreibt; jetzt werden wir uns ansehen, wie das Kind mit anderen in einer Gruppe zurechtkommt.

Wir alle hegen ein tiefsitzendes uneingestandenen Vorurteil Kindern gegenüber. Wir sind blind für ihre Stärken und Fähigkeiten. Die meisten Lehrer gehen davon aus, dass sie die Schüler ihrer Klasse, sei diese nun groß oder klein, im Alleingang unterrichten und unterweisen müssen. Aber wenn der Lehrer zur Führungsfigur der Gruppe wird, macht es kaum einen Unterschied, ob er zehn, dreißig oder fünfzig Kinder zu unterrichten hat – es ist immer nur eine einzige Klasse.

Wir brauchen bestimmte Fähigkeiten, um die Gruppendynamik zu unseren Zwecken einzusetzen und eine Atmosphäre zu schaffen, in der alle Schüler willens und in der Lage sind, als zusammenhängende Gruppe zu lernen. Das bedeutet nicht notwendigerweise, dass die Kinder vom Alter oder von der Befähigung her eine *homogene* Gruppe sein müssen.

Je nachdem, welche Unterrichtsmethoden und Organisationspläne wir für die jeweiligen Einheiten verwenden, kann es sehr wichtig sein, die Kinder zu Gruppen zusammenzuschließen, sei dies nun die Klassengemeinschaft oder die Zusammenstellungen, in denen die Schüler zu bestimmten Zeiten arbeiten. Wenn wir uns nicht um diese Integration bemühen, werden wir bald feststellen, dass die Klasse sich in zwei Lager gespalten hat – diejenigen, die auf unserer Seite stehen, und diejenigen, die wir gegen uns haben.

Der soziometrische Test

Ein soziometrischer Test ist für den engagierten Lehrer ein nützliches Hilfsmittel, um die einzelnen Grüppchen innerhalb der Klasse besser identifizieren und zu einer Klassengemeinschaft zusammenführen zu können. Mit seiner Hilfe können isolierte Kinder (entweder scheue Einzelgänger oder Kinder, die durch ihr eigenes Verhalten ihre Mitschüler abgeschreckt haben) besser einbezogen und die Beziehungen und der Austausch innerhalb der Gruppe verbessert werden. Die Ergebnisse eines solchen Tests können für die Sitzordnung im Klassenzimmer, die Zusammenstellung von Schülergruppen für Gruppenarbeiten oder Projekte und für die Bildung von Komitees eingesetzt werden. Sie verschaffen ebenso ein besseres Verständnis für Cliquenbildung und Führungsfiguren unter den Kindern.

Wenn Sie den Test durchführen, sollten folgende Bedingungen erfüllt sein:

1. Die Mitglieder der Gruppe sollten einander bereits einigermaßen kennen.
2. Die Durchführung der gesamten Maßnahme sollte so beiläufig wie möglich erfolgen.
3. Die Schüler müssen sich darauf verlassen können (und es wissen), dass die Informationen vertraulich behandelt werden.
4. Die Schüler müssen die Gewissheit haben, dass der Lehrer versucht, ihnen zu helfen.
5. Das Wort »Test« sollte vermieden werden; es könnte manchen

Kindern den Eindruck vermitteln, es gäbe »richtige« Antworten – gesucht werden aber nur die für das Kind zutreffenden.
6. Die Fragen müssen klar gestellt sein.
7. Die Fragen müssen sich auf eine einzelne, bestimmte Situation beziehen und die Schüler müssen dies begriffen haben.
8. Die Ergebnisse sollten so bald wie möglich herangezogen werden, um ein besseres Arbeitsklima herzustellen.
9. Die Kinder müssen wissen, für welchen Zweck die Ergebnisse bestimmt sind.

Mit der Durchführung des Tests bezwecken Sie zwei Dinge – Sie erhalten erstens diagnostische Ergebnisse und zweitens eine Grundlage für Veränderungen in den Beziehungen der Kinder untereinander. Deshalb müssen die gestellten Fragen für die Kinder sinnvoll und verständlich sein und die Lebenswirklichkeit jedes Kindes wiedergeben. Sie könnten zum Beispiel lauten:

1. Nenne drei Schüler deiner Klasse, neben denen du gern sitzen würdest.
   Wenn es jemanden gibt, neben dem du nicht sitzen möchtest, kannst du diese Person benennen. Du kannst diese Frage auch überspringen, wenn dir das lieber ist.
2. Nenne drei Schüler deiner Klasse, mit denen du auf dem Schulhof gern spielst.
   Wenn es jemanden gibt, mit dem du nicht spielen möchtest, kannst du diese Person benennen. Du kannst diese Frage auch überspringen.
3. Nenne drei Schüler, mit denen du in einer Arbeitsgruppe gern zusammenarbeiten würdest.
   Wenn es jemanden gibt, mit dem du nicht gern zusammenarbeiten würdest, kannst du diese Person benennen. Du kannst diese Frage auch überspringen.

Anhand dieser sechs Fragen werden Sie genug Informationen erhalten, um eine Vorstellung von dem Beziehungsgeflecht innerhalb der Klasse zu bekommen. Auf dieser Seite finden Sie eine Möglichkeit, diese Information graphisch darzustellen.

▶▶▷ Ergebnisse des soziometrischen Tests

Um die Daten aus den Matrizen zusammenzufassen und graphisch klarer darzustellen, hat sich das Zielscheibensoziogramm bewährt. Sie zeichnen es in Form von vier konzentrischen Kreisen:

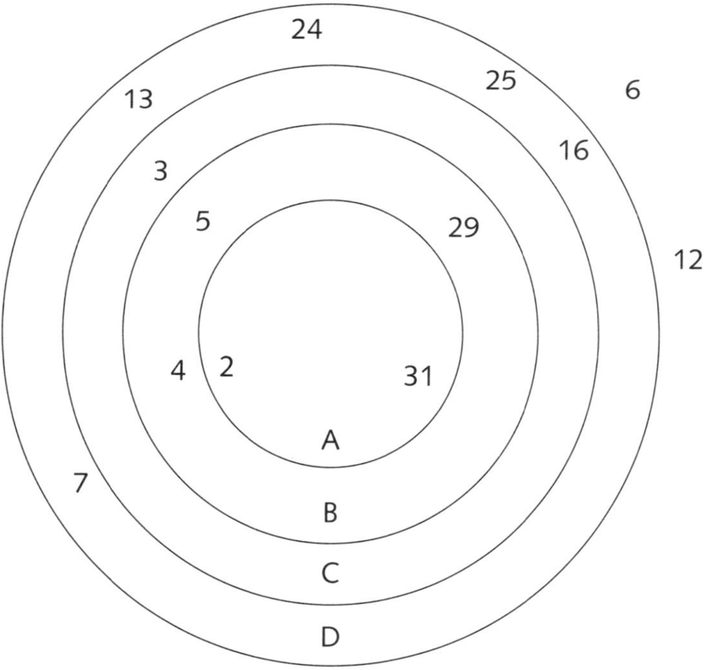

Weisen Sie nun zunächst jedem Kind eine Nummer zu. Tragen Sie dann in den innersten Kreis A die Nummern derjenigen Kinder ein, die eine überdurchschnittliche Anzahl von positiven Nennungen erhalten haben – also mehr, als sie erhalten hätten, wenn die Nennungen gleichmäßig auf die ganze Klasse verteilt wären. Wenn jedes Kind aufgefordert wird, drei weitere Kinder zu nennen, die es mag, dann würde bei einer gleichmäßigen Verteilung der Nennungen jedes Kind dreimal gewählt werden. In diesem Fall würden im Kreis A die Nummern derjenigen Schüler eingetragen, die vier oder mehr positive und keine negativen Nennungen erhalten haben.

Notieren Sie die Nummern der Kinder, die vier oder mehr negative Nennungen oder Ablehnungen und keine positiven Nennungen erhalten haben, in Ring D. Tragen Sie in Ring B die Nummern der Kinder ein, die eher gemocht als abgelehnt werden, auch wenn sie nicht viele positive Nennungen erhalten haben, und in Ring C die Nummern derjenigen, die eher abgelehnt als gemocht werden. Die Nummern der gar nicht erwähnten Schüler notieren Sie außerhalb des Ringsystems.

Jetzt fragen Sie sich wahrscheinlich, was Sie mit den so erhaltenen Daten machen sollen.

Bei Projekten, die Gruppenarbeit erfordern, setzt man am besten kompatible Schüler zusammen. Sie werden ihren Beitrag zu der gestellten Aufgabe leisten, ohne dass es zu Reibereien kommt.

Isolierte Kinder kann man ermutigen, sich einer extrovertierten Gruppe anzuschließen, wo sie ihre Fähigkeiten im Umgang mit anderen entwickeln können. Eine andere Möglichkeit wäre ein »Kumpelsystem«, das der Lehrer zusammen mit Freiwilligen aus der Klasse aufbauen kann. Auf dem Spielplatz kann der Lehrer das isolierte Kind in Gruppenspiele integrieren, indem er ihm den Ball oder andere Sportgeräte aushändigt.

Die Sitzordnung im Klassenzimmer kann den Vorlieben der Kinder angepasst werden. Natürlich kann es Ihnen passieren, dass Sie die Schüler danach wieder umgruppieren müssen, wenn nebeneinandersitzende befreundete Kinder reden, statt zu arbeiten. Aber gehen Sie nicht gleich davon aus, dass es Schwierigkeiten geben wird – in der Regel werden die Kinder anerkennen, dass Sie ihre Vorlieben berücksichtigen, und als Zeichen der

Dankbarkeit mit Ihnen kooperieren. Sie sitzen gern in der Nähe ihrer Freunde und wissen einen Lehrer zu schätzen, der dafür Verständnis hat.

Es kann ratsam sein, den soziometrischen Test zwei- bis dreimal im Jahr zu wiederholen und auf diese Weise herauszufinden, welche neuen Beziehungen sich herausgebildet haben. Mit etwas Glück werden Sie nach einiger Zeit keine isolierten Kinder mehr haben. In einer Klasse, die auf kooperativen Zusammenhalt hinarbeitet, ist dies ein durchaus realistisches Ziel.

▸▸▸ Die Gruppendiskussion im Klassenverband

Kinder übernehmen schon sehr früh Verantwortung, wenn die Erwachsenen ihnen eine Chance geben.

Rudolf Dreikurs, »Dreikurs Sayings«

Wir können Verantwortung nur lehren, wenn wir den Schülern Gelegenheit geben, selbst Verantwortung zu übernehmen.

Rudolf Dreikurs

Ein »Problemkind« belastet oftmals auch die Mitschüler in der Klasse. Eine Verbesserung der Situation kann am einfachsten erzielt werden, wenn sich die ganze Klasse an der Umsetzung beteiligen. Es hat für alle Seiten mehr Vorteile, wenn sich der Lehrer die Kooperation seiner Klasse sichert, anstatt das Verhalten eines Kindes mit Hilfe autoritärer Maßnahmen ändern zu wollen. Auf diese Weise kann man dem entmutigten oder störenden Kind das Gefühl geben, Teil der Gruppe zu sein. Sein Gefühl der Mutlosigkeit wird gemildert und das Kind wird dazu angeregt, sein Verhalten zu ändern. Die Mitschüler sind wegen der verfahrenen Situation weniger frustriert, wenn sie selbst Gelegenheit haben, zu ihrer Verbesserung beizutragen. Sie sehen das entmutigte Kind in einem freundlicheren Licht und können sich dabei in praktischer Toleranz üben. Ihre Vorurteile werden nachlassen, sie werden lernen, konstruktive Ideen zu entwickeln und vorzutragen, und sie werden nicht nur die Erfahrung machen, selbst von der Gruppe akzeptiert zu werden, sondern auch ein Gefühl der Befriedigung empfinden, weil sie anderen zu der gleichen Erfahrung verhelfen.

Angesichts der ruhigen, aber engagierten Maßnahmen des Lehrers erfahren die Schüler, dass es außer dem Streiten noch andere Methoden gibt, zwischenmenschliche Differenzen beizulegen.

Der Lehrer hat sich aus einem zwecklosen persönlichen Machtkampf mit dem Kind herausgehalten. Er erhält wechselseitigen Respekt und eine freundliche Beziehung zu allen Schülern der Klasse aufrecht, indem er ihnen keine Gelegenheit gibt, Partei entweder für ihn selbst oder für den Störenfried zu ergreifen. Seine Position ist nicht bedroht und er kann verfolgen, wie die Schüler seiner Klasse sozial kompetenter werden. Damit kann er die Schule jeden Tag entspannt und zufrieden verlassen und seine Freizeit genießen, ohne sich der Kinder oder seiner Arbeit wegen Sorgen machen zu müssen.

Heute wachsen Kinder in einer demokratischen Gesellschaft auf und wir alle haben das Recht und die Verantwortung, im Interesse des Gemeinwohls unsere Ansichten zu äußern. Gruppendiskussionen in der Klasse bieten eine wichtige Möglichkeit, dies in einer partnerschaftlichen Atmosphäre einzuüben und zu praktizieren. Die Lehrerin als Gruppenleiterin kann dabei Informationen über ihre Schüler, die individuellen Probleme und die Beziehungen unter ihnen erhalten und diese dann wiederum einsetzen, um die Kinder beim Wachsen und Lernen anzuleiten und zu begleiten.

Eine Gruppendiskussion sollte nicht nur bei konkreten Anlässen stattfinden; sie sollte fest im wöchentlichen Stundenplan verankert sein. Es ist von entscheidender Bedeutung, die Schüler wissen zu lassen, dass zu einer bestimmten Zeit in *jeder* Woche Gelegenheit zur Aussprache besteht. Diese Möglichkeit sollte auch dann gegeben sein, wenn einmal eine Woche lang kaum etwas zu besprechen anfällt. Es ist verblüffend, wie viele Probleme, die früher tagtäglich auftraten, einfach verschwinden, wenn die regelmäßige Gruppendiskussion einmal etabliert ist. Dann kann sich die Lehrerin auch stärker auf den Unterricht konzentrieren und die Unterbrechungen durch »Störer« und Kinder, die Probleme im Umgang mit anderen haben, lassen nach.

Ohne eine solche, fest eingeplante Diskussionsstunde würden sich die Kinder an die Lehrerin wenden, wann immer ein Problem auftaucht. Wenn sie sich dagegen darauf verlassen können, dass ihre Anliegen zu einem bestimmten, regelmäßig eingehaltenen Zeitpunkt zur Sprache kommen, brauchen sie nicht immer gleich die Lehrerin um Hilfe zu bitten. Sie werden sich entweder ein paar Tage lang gedulden oder das Problem selbst beilegen (und dies ist es schließlich, was wir ihnen mit alldem beizubringen versuchen). Zudem wird mit etwas zeitlichem Abstand auch der erste Ärger abgeklungen sein; danach werden die Vorstellung des Problems in der Gruppe und die nachfolgende lösungsorientierte Diskussion rationaler und harmonischer ausfallen.

Ohne Gruppendiskussionen können sich Feindseligkeiten unter den Schülern verselbständigen, außer Kontrolle geraten und die Atmosphäre für die Klasse und die Lehrerin unerträglich machen. Die Diskussion gibt Pädagogen die Möglichkeit, Kindern dabei zu helfen, ihr Bild von den Mitschülern und von sich selbst zurechtzurücken und allmählich von Konflikt und Antipathie zur Kooperation zu finden.

Der Aufbau der Gruppendiskussion

Es folgen einige Vorschläge für die Organisation der wöchentlichen Gruppendiskussion in der Klasse. Sie werden vielleicht etwas mehr Zeit dafür einplanen wollen, aber eine halbe Stunde reicht in der Regel aus. Zunächst übernimmt der Lehrer die Leitung, aber wenn die Schüler sich an den Ablauf gewöhnt haben und verstehen, welche Aufgaben dem Diskussionsleiter zufallen (für einen glatten, zügigen Ablauf zu sorgen und Verbalschlachten, persönliche Beleidigungen und andere Entgleisungen zu verhindern), können auch die Kinder der Reihe nach jeweils eine Diskussion lang den Vorsitz übernehmen. So erhält jedes Kind die Chance, seine potentiellen Führungsqualitäten zu erproben.

Zu Beginn der Diskussion sollten fünf Programmpunkte an die Tafel geschrieben werden:

1. Erfreuliche Ereignisse der vergangenen Woche
2. Verbesserungsmöglichkeiten für die kommende Woche

3. Persönliche Probleme
4. Zuständigkeiten
5. umzusetzende Vorhaben und Ziele

Manche Lehrer führen die Regel ein, nach der jedes Mitglied der Klasse eine positive Aussage über seinen rechten Nachbarn machen soll, bevor die eigentliche Diskussion beginnt. Schüler und Lehrer sitzen im Kreis und der Reihe nach sagt jede der anwesenden Personen etwas Freundliches über seinen Sitznachbarn, bis die Runde vollendet ist. Die Aussagen sollten kurz gehalten werden. Auf diese Weise üben die Kinder sich darin, konstruktives Handeln oder positive Eigenschaften bei ihren Mitschülern zu sehen und anzuerkennen. Danach folgt eine weniger stark strukturierte Diskussion, in der die oben aufgeführten Programmpunkte behandelt werden. Dieser Ablauf eignet sich gut, wenn die Klasse nicht allzu groß ist.

Andere Lehrer verzichten auf die Einleitung und beginnen sofort mit der Diskussion der fünf Programmpunkte. Die (überwiegend von den Schülern) vorgebrachten Argumente und Gedanken werden unter den entsprechenden Überschriften an der Tafel notiert, entweder vom Lehrer oder von einem Schüler, damit die Gruppendiskussion am Ende zusammengefasst und nachvollzogen werden kann. Geben Sie für jedes Thema, das zu einem der fünf Punkte zur Sprache kommt, nur fünf bis sechs Minuten vor, damit die Beteiligten nicht vom Thema abkommen. Wenn dies doch geschieht, ist es Aufgabe des Diskussionsleiters, sie zur Sache zurückzubringen.

Der Lehrer sollte darauf achten, dass sich die Schüler auf positive Aspekte konzentrieren und nur konstruktive Vorschläge machen. Wenn negativ wertende Aussagen gemacht werden, sollten sie nur kurz behandelt und dann positiv umformuliert werden. In der Gruppendiskussion bietet sich dem Lehrer ferner die Möglichkeit, die falschen Ziele von Schülern anzusprechen, bei denen er dies für notwendig und richtig hält. Wenn er es nach den im vierten Kapitel (»Das Selbstvertrauen des Kindes stärken«) vorgestellten Methoden tut, braucht das Kind sich nicht blamiert zu fühlen, und die ganze Klasse hat Gelegenheit, sich mit den falschen Zielen auseinanderzusetzen. Es ist durchaus möglich, dass dies auch anderen Kindern hilft, aufgrund ihrer neu gewonnenen Einsichten ihr eigenes Verhalten zu ändern.

Eine Gruppendiskussion, in der das problematische Ziel eines Kindes konkret angesprochen wird, ist für alle Mitschüler genauso nützlich wie für das betreffende Kind selbst. Es wird in der Klasse noch mehr Kinder geben, die sich aufgrund persönlicher Ansichten und Erfahrungen entmutigt fühlen. Schon die Entdeckung, dass es anderen Schülern ebenso geht, wirkt ermutigend, und sie werden feststellen, dass die eigene Selbstwahrnehmung unrealistisch sein kann und von den Einschätzungen der anderen abweicht.

Fraglos sind Gruppendiskussionen ein höchst nützliches Mittel im Sozialisierungsprozess innerhalb der Klasse. Sie können allen Kindern zu größerer innerer Zufriedenheit verhelfen und sie auf dem schwierigen Weg des Heranwachsens unterstützen.

Die Dynamik der Gruppendiskussion

Mit der Gruppendiskussion verfolgen wir drei Ziele. Zunächst müssen wir alle das Zuhören lernen. Niemand kann wissen, was genau der andere denkt. Wie aufmerksam hören Lehrer ihren Schülern denn wirklich zu? Und andererseits – die Kinder mögen zwar dem Lehrer zuhören (hoffen wir jedenfalls), aber was wissen sie schon darüber, was der Lehrer denkt und empfindet? Die Gruppendiskussion gestattet es Kindern und Lehrern, die Gedanken und Gefühle der jeweils anderen kennenzulernen.

Der zweite Zweck der Gruppendiskussion ist es, Kindern dabei zu helfen, sich selbst und andere zu verstehen. Um dies tun zu können, braucht der Lehrer ein psychologisches fundiertes Verständnis für die Kinder und vor allem für die Ziele, die sie verfolgen. In Gruppendiskussionen in der Klasse geht es weniger um das Verhalten der Kinder als um die dem Verhalten zugrundeliegenden Einstellungen. Damit können wir auf Gemäkel, Predigten und Wertungen verzichten – lauter Dinge, die einer offenen Diskussion ohnehin nicht gerade förderlich sind.

Gleich am Anfang könnte der Lehrer das Problem vorbringen, mit dem ein Kind sich herumschlägt, ohne dabei Namen zu nennen. Das betreffende Kind wird sich schnell genug wiedererkenne. Kinder interessieren sich sehr für solche Diskussionen und beginnen bald, sachdienliche und persönliche Fragen zu stellen. Sie liefern Beispiele dafür, wie sie selbst versucht haben, Aufmerksamkeit auf sich zu ziehen, ihre Macht zu demonstrieren oder sich zu rächen – oder wie sie entmutigt aufgegeben haben, selbst wenn ihnen das bis zu diesem Zeitpunkt noch gar nicht klar war.

Das dritte Ziel der Gruppendiskussion ist es, die Kinder zu gegenseitiger Hilfe anzuregen. Es ist nicht mehr der Lehrer, der seine Macht und Autorität einsetzt, um die Kinder anzuweisen; die Schüler selbst unterstützen einander bei der Suche nach besseren Lösungen für ihre Probleme. Damit trägt die Diskussion dazu bei, aus der Klasse eine geschlossene Gruppe zu machen. Den Kindern wird rasch klar, was sie alles gemeinsam haben. Rivalitäten verschwinden und es entsteht eine Atmosphäre wechselseitiger Hilfsbereitschaft. Das schwächere Kind, das zuvor höchstens ausgelacht und verachtet wurde, wird zu einem Kameraden, der Zuspruch und Unterstützung braucht. Das erfolgreiche und beliebte Kind kann sich nicht mehr einfach an seiner Brillanz erfreuen; es erkennt seine Verantwortung, anderen zu helfen.

Das Ziel der Gruppendiskussion ist immer, Vertrauen, Kooperation und soziales Interesse aufzubauen; niemals, andere herunterzumachen, zu blamieren oder zu bestrafen. Wenn Kinder beginnen, sich gegen ein Mitglied der Gruppe zu verbünden, müssen der Diskussionsleiter und andere Mitglieder dem augenblicklich ein Ende machen und daran erinnern, dass die Diskussion dazu da ist, Probleme zu lösen – nicht dazu, neue zu schaffen. Der Lehrer sollte von Anfang an klarstellen, dass man auf diese Weise niemandem hilft und nur neuen Ärger heraufbeschwört. Die Grundregeln, die die Kinder gleich in der ersten Gruppendiskussion lernen, besagen, dass es hier darum geht, sowohl der Gruppe als auch ihren einzelnen Mitgliedern zu helfen, Verständnis und Respekt aufzubauen, die Kooperation zu fördern und sich über die Gesellschaft der anderen und die gemeinsamen Lernerfahrungen zu freuen.

Insofern kann die Gruppendiskussion viel dazu beitragen, Verhaltensweisen und Einstellungen zu verändern. Die Gruppe kann Verletzungen heilen und Probleme auf eine Weise lösen, die anders nicht möglich wäre. In den Diskussionen entsteht etwas, das sich wirkungsvoller auf das Verhalten der Kinder auswirkt, als eine Predigt des Lehrers oder auch ein persönliches Gespräch es je könnte. Kinder lernen mehr voneinander als von dem, was der Lehrer sagt. Oft ist die Gruppendiskussion sogar die einzige Methode, die Schüler überhaupt zu erreichen, vor allem bei älteren und aggressiveren Kindern. Hier können Diskussionen dazu beitragen, ein Abrutschen in die Jugendkriminalität zu verhindern.

▸▸▹ Das Geheimnis gelingender Gruppendiskussionen

Das, was wir für den Generationenkonflikt halten, ist in Wirklichkeit eher ein Wertekonflikt. Durch Gruppendiskussionen kann er beigelegt werden. Viele junge Leute sind überzeugt, dass die Erwachsenen sie nicht verstehen und ihre Werte und Überzeugungen weder nachvollziehen noch akzeptieren können.

In Gruppendiskussionen sind die Werteinstellungen einzelner Teilnehmer durchaus veränderbar, denn jede Gruppe ist eine »wertebildende« Einheit. Hier kann die Lehrerin mit Unterstützung der übrigen Schüler die Ideen und Werte jedes Mitglieds zur Diskussion stellen, sie überprüfen und überdenken lassen. Erfolg wird sie damit allerdings nur haben, wenn sie nicht ins Predigen verfällt, nicht auf allzu eng gefassten eigenen Vorstellungen besteht und die anderen Kinder davon abhält, über den Mitschüler herzufallen.

Eine erfolgreiche Gruppendiskussion erfordert es, dass die Lehrerin in ihrer Rolle als Gruppenleiterin mit Einfühlungsvermögen und Offenheit eine freundliche, produktive Atmosphäre schafft. Es spricht immer nur eine Person und alle anderen lernen, aktiv zuzuhören. Störungen und Unterbrechungen werden nicht toleriert; kommen sie vor, wird die Diskussion ausgesetzt, bis wieder Ordnung herrscht. Unter Umständen empfiehlt es sich, unter den Kindern einen Protokollführer zu ernennen, der die wesentlichen Punkte der Diskussion notiert und sie zu Beginn der nächsten Gruppendiskussion vorliest.

Als Lehrerin können Sie die Klasse nur dann zu einem Ganzen zusammenschließen oder sich die Unterstützung Ihrer Schüler sichern, wenn Sie sich mindestens einmal pro Woche mit ihnen zusammensetzen und die Dinge durchsprechen, die besprochen werden müssen. Es ist verblüffend, was wir lernen können, wenn wir unseren Schülern wirklich zuhören. Wir Erwachsenen neigen dazu, unsere eigenen Erfahrungen und unsere Reaktionen auf sie überzubewerten und nicht zu sehen, was wir anderen antun, vor allem unseren Schülern.

Der erste Schritt wäre somit, einander zuzuhören, der zweite, einander zu helfen, die Gedanken und Gefühle der anderen zu verstehen. Auf diese Weise entsteht eine Atmosphäre wechselseitiger Unterstützung. Das Austauschen von Gedanken und Gefühlen hat einen hohen therapeutisch Wert, nicht nur für die Diskussionsrunden, sondern auch für die generelle Freiheit, offen sprechen zu können, ohne den Spott der anderen befürchten zu müssen. Kinder haben das Bedürfnis, sich auszusprechen, oft aber wenig Gelegenheit, über Dinge zu reden, die ihnen wirklich wichtig sind.

Die Diskussion ist ein Mittel des Austauschs. Das Kind, das sich nicht mitteilen kann, ist meist ein einsames Kind, das ständig wachsam bleibt und fürchtet, verletzt zu werden. Es findet die Vorstellung, etwas von sich preiszugeben, bedrohlich und kann sich am Geben und Nehmen innerhalb der Diskussion nicht beteiligen. Introvertierte Kinder ziehen sich zurück, statt sich an der Gruppendiskussion zu beteiligen, so wie sie es bei fast allen anderen Aktivitäten auch tun.

Jetzt fragen Sie sich vielleicht, worin der Sinn einer solchen Diskussionsrunde überhaupt besteht, wenn die einzelnen Kinder derartige Probleme haben. Aber gerade hier liegt das Geheimnis – es bietet sich ihnen die Gelegenheit, ihre Probleme mit Hilfe einer mitfühlenden Gruppe zu lösen, die sie nicht gleich wertet. Sie können an der Diskussion »teilnehmen«, auch wenn sie nichts sagen. Sie lernen von anderen und haben das Gefühl, dazuzugehören.

In einer Gruppendiskussion geht es zunächst um das Problem, denn dieses betrifft alle Anwesenden, und nicht um das einzelne Kind. Die Diskussionen sollten eingeführt werden, sobald der Lehrer seine Klasse kennenlernt, vielleicht sogar gleich am ersten Tag des neuen Schuljahres. Es kann in dieser einführenden Gruppendiskussion zum Beispiel um die Gestaltung des Klassenzimmers, die Planung der Aktivitäten in der ersten Woche, die Einführung von Regeln und ähnliches gehen. Sowohl Sie selbst als auch die Schüler können Regeln zur Aufrechterhaltung der Ordnung vorschlagen. Sie sollten vernünftig und nachvollziehbar sein. Wenn die Regeln durch Konsens beschlossen wurden, sollten sie am Schwarzen Brett der Klasse angeschlagen werden, wo alle Schüler sie jederzeit einsehen können. Wenn die Regeln logisch sind, werden die Kinder sie nicht einfach deshalb einhalten, weil eine Autoritätsperson sie vertritt, sondern weil es ganz einfach richtig ist, es zu tun.

»Aber«, fragen Sie jetzt vielleicht, »was passiert, wenn jemand die Regeln bricht?« Die Konsequenzen für eine Regelverletzung können vom Lehrer gleich anschließend oder von der Klasse in der nächsten Gruppendiskussion festgelegt werden. Der wichtigste Grundsatz dabei ist dieser: Das Kind soll aus eigener Erfahrung lernen, dass Regelverletzungen sich nicht auszahlen.

Nehmen wir ein Beispiel. Die Klasse hat sich darauf geeinigt, dass Ballspiele in der Nähe der Schulfenster nicht erlaubt sind, weil Scheiben dabei zu Bruch gehen könnten. Shannon hält sich nicht an die Regel und wirft mit dem Ball tatsächlich ein Fenster ein. Die Klasse beschließt in der Gruppendiskussion, dass Shannon über einen bestimmten Zeitraum einen Teil ihres Taschengeldes opfern sollte, um zu den Kosten des neuen Fensters beizutragen. So lernt Shannon, fremdes Eigentum zu respektieren, und begreift, *warum* sie nicht in der Nähe der Fenster Ball spielen sollte.

Studien haben gezeigt, dass regelmäßig angesetzte Gruppendiskussionen den Vandalismus an Schulen zurückgehen lassen und dass Schüler, die zuvor durch ihr destruktives Verhalten aufgefallen waren, kooperativer wurden, wenn sie sich in die Gruppe integriert fühlten. Gruppendiskussionen schaffen ein Gefühl der Zugehörigkeit und des Vertrauens, das für eine Klasse von entscheidender Wichtigkeit ist. Selbst Kinder im Vorschulalter von etwa fünf Jahren haben an Gruppendiskussionen teilgenommen und ihren Spaß an ihnen gehabt. Ältere Kinder verlassen sich auf diese Methode, wenn sie sie einmal kennengelernt haben, und würdigen sie als ein höchst wirkungsvolles Mittel des partnerschaftlichen Problemlösens.

Es folgen einige der Kommentare, die Dritt- und Viertklässler über ihre Gruppendiskussionen abgegeben haben:

»Es ist schön, seine Probleme mit anderen teilen zu können.«
»Es ist ein gutes Gefühl, wenn die anderen einen verstehen und einem helfen.«
»Es ist schön, wenn man anderen helfen kann.«
»Dreißig Köpfe sind besser als einer.«
»Wir sind jetzt zuversichtlicher.«
»Wir wissen gern, was wir in der nächsten Woche zu erwarten haben, wir fühlen uns dann sicherer.«
»Wir haben gelernt, unsere Probleme selbst zu lösen.«
»Wir planen gern zusätzliche Dinge (Kreativität).«
»Es macht Spaß, wenn wir alle wissen, was wir nächste Woche besser machen wollen.«

Tabelle 6: Diskussionsleitfaden für größere Gruppen (10 oder mehr): Förderung partnerschaftlicher Prinzipien

Erfreuliche Ereignisse der vergangenen Woche:	Verbesserungsmöglichkeiten für die kommende Woche:	Probleme:	Zuständigkeiten:	Zukunftspläne:
Stärken Erwähnen Sie alles, das befriedigend oder aufregend war, Spaß gemacht hat, die Leistungen der Klasse demonstrierte	Behandeln Sie Verbesserungen als Gemeinschaftsleistungen, statt einzelne Schüler herauszustellen Entscheidungsfindung Teilnahme Konsens Vermeiden Sie Abstimmungen, denn die Verlierer würden die gefassten Entscheidungen sabotieren	Die Verantwortung dafür, Probleme zu lösen, liegt bei der Gruppe »Was können wir da machen« ist eine gemeinschaftliche Überlegung Führen Sie einen Kasten für schriftliche Vorschläge ein Kinder lernen zu überlegen, was sie selber tun können, statt zu überlegen, was ein anderer für sie tun sollte	Im Klassenzimmer anfallende Aufgaben teilen und reihum erledigen lassen Kooperation und Teamgeist fördern	Betonen Sie das Positive: »Was können wir tun, damit es in der Klasse (Gruppe etc.) angenehmer wird?« Möglicherweise Pläne für Freizeit-/außerschulische Aktivitäten Vorschläge kommen von einzelnen Mitgliedern Die Gruppe entscheidet, ob Vorschläge realistisch sind oder nicht

Gruppendiskussion:	**Wichtige Aspekte**:	**Demokratische Spielregeln:**	**Kreative Aufgaben und Aufgaben für Unruhestifter:**
Empfohlene Dauer: 30 Minuten Zunächst übernimmt der Lehrer die Diskussionsleitung, dann reihum die Schüler	Keine Zeit verschwenden – auch andere wollen zu Wort kommen »Verträge« haben eine Laufzeit von einer Woche »Krisensitzungen« nur in wirklich wichtigen Fällen	Wortmeldung durch Handheben Es spricht immer nur eine Person Verantwortung beweisen Wechselseitigen Respekt üben Positiv denken Nicht »mauern« Ansichten klar aussprechen Gemeinsam denken Durch Logik zu Entscheidungen finden Probleme durch Kooperation und den Erfordernissen der Situation entsprechend lösen	Vorsitzende/r der Woche Zeitnehmer/in Protokollführer/in Arbeitsgruppenleiter/in

▸▸▸ Häufige Probleme im Klassenzimmer und ihre Lösungen

Man könnte meinen, ein Ziel der Erziehung sei es, kluge Kinder so schnell wie möglich zu dummen Erwachsenen zu machen.
Rudolf Dreikurs

Dieser Eindruck wurde schon von vielen bedeutenden Pädagogen geäußert. Aber wenn moderne Lehrer zwei Methoden anwenden würden – die vier »falschen Ziele« zu identifizieren und die Mitglieder der Klasse zu einer Gemeinschaft zusammenzuführen – könnten wir diese Aussage bald zurücknehmen und den meisten Kindern dazu verhelfen, kooperative Erwachsene zu werden.

Hier folgen einige typische Beispiele für unerwünschte Verhaltensweisen bei Kindern im Grundschulalter. Vielleicht erkennen Sie bereits, welches falsche Ziel das Kind verfolgt – 1) Aufmerksamkeit, 2) Macht, 3) Rache oder 4) den Eindruck von Unfähigkeit. Bedenken Sie, dass das Kind sich seiner Absicht selbst nicht bewusst ist. Es erkennt sich selbst erst wieder (und verrät dies durch den Erkennensreflex), wenn Sie das Ziel auf die in diesem Buch beschriebene Art identifiziert haben. Während Sie das Ziel bestimmen, empfiehlt es sich, die folgenden Punkte zu überprüfen:

1. Was hat das Verhalten des Kindes wirklich über seine Ziele ausgesagt?
2. Wie ist Ihre emotionale Reaktion als Lehrer auf das Verhalten des Kindes ausgefallen?
3. Was haben Sie als Lehrer möglicherweise getan, um das Kind in seinem falschen Ziel zu bestärken?
4. Was hat das Kind als nächstes getan?

▸▸▹ Erstes Beispiel

Armin hat gerade zum fünften Mal an diesem Vormittag absichtlich seinen Bleistift herunterfallen lassen. In den vergangenen Wochen ist dies ständig passiert. Die Lehrerin reagiert gereizt. Sie hat Armin schon mehrmals aufgefordert, besser aufzupassen, und ihn wiederholt ermahnt, weil er den Unterricht stört. Allmählich ist sie der Ansicht, dass er zu viel von ihrer Zeit in Anspruch nimmt.

Das »falsche Ziel« ist das erste der vier – Aufmerksamkeit zu erregen. Nachdem die Lehrerin ihren Verdacht mit Hilfe der weiter oben beschriebenen Methode überprüft und den Erkennensreflex gesehen hat, kann sie die entsprechenden Maßnahmen ergreifen. Sie wird den heruntergefallenen Stift dieses Mal ignorieren, später aber mit Armin reden. Sie wird ihm Komplimente wegen seines kooperativen Verhaltens machen, wann immer es möglich ist; sie wird ihm ihr Interesse beweisen, aber gerade nicht dann, wenn er es erwartet oder verlangt. So kann sie ihn mit der Zeit davon überzeugen, dass er akzeptiert wird und seinen Platz in der Klasse hat. Armin wird sich dadurch nicht mehr getrieben fühlen, mit Mätzchen Aufmerksamkeit auf sich zu ziehen.

▸▸▹ Zweites Beispiel

Kevin weigert sich standhaft, seine Aufgabe zu Ende zu bringen. Er ist mürrisch, widerborstig und macht gerne abfällige Bemerkungen über andere Schüler. Nach einem Treffen mit der Schulleiterin, bei dem es um sein Verhalten ging, hat er ein Fenster der Schule mit einem Backstein eingeworfen. Wenn seine Mannschaft bei einem Ballspiel verliert, beschwert er sich und behauptet, die Gegenmannschaft habe unfair gespielt. Die Lehrerin hat bei der Schulleiterin beantragt, ihn aus ihrer Klasse zu nehmen. Sie ist verletzt und wütend aufgrund seines Verhaltens, hat eine persönliche Abneigung gegen ihn entwickelt und fragt sich, wie jemand sich so widerlich aufführen kann.

Sie erraten es – Kevins Ziel ist Nr. 3, er will sich rächen. Nachdem sie Kevin mit ihren Vermutungen konfrontiert und diese bestätigt gefunden hat, legt sich die Lehrerin einen Plan zurecht. Obwohl sie ihm am liebsten sagen würde, wie verletzt sie sich fühlt, vermeidet sie es, ihm auch nur den kleinsten Hinweis darauf zu liefern. Sie beschließt, ihn nicht mehr anzubrüllen oder zu bestrafen. Stattdessen tut sie unerwartete Dinge, die ihn überraschen und ihm gefallen. Sie ermutigt die Gruppe, ihm Freundschaftsangebote zu machen und bei Problemen zu helfen. Während der Diskussionsrunde fragt sie nach einem Freiwilligen, der sein Kumpel sein möchte. Bereits wenig später stellt sie fest, dass Kevin um Unterstützung bei den Aufgaben bittet und sich nicht mehr so leicht ablenken lässt. Er konzentriert sich jetzt sehr viel besser.

▸▸▹ Drittes Beispiel

Alex hat mit Hilfe eines Gummirings eine Büroklammer quer durchs Klassenzimmer schnellen lassen. Die Lehrerin hat der Klasse die Aufgabe gestellt, etwas über Wölfe zu schreiben, aber wie üblich weigert er sich strikt, sich an die Anweisungen zu halten. Heute hat er außerdem schlechte Laune, streitet pausenlos mit den anderen Schülern und hat bisher in keinem Fach irgendetwas getan. Die Lehrerin fühlt sich geschlagen. Sie denkt: »Das kann er mit mir nicht machen«, aber gerade da pfeift die nächste Büroklammer an ihrem Ohr vorbei. Sie sieht ihre Autorität gefährdet. Also schreit sie: »Alex, ich lasse mir dieses Benehmen nicht gefallen. Das hört auf – jetzt!«

Sie haben das Ziel wahrscheinlich gleich am Anfang dieser Beispielgeschichte erraten. Alex ist der typischer Fall eines Kindes, das die Grenzen seiner Macht ausloten will, er verfolgt also Ziel

Nr. 2. Sobald sich die Lehrerin über Alex' Absichten klar geworden ist, wird sie ihre Niederlage eingestehen, insgeheim oder offen. Sie wird Alex' Macht anerkennen und ihm Gelegenheit geben, sie auf konstruktive Weise einzusetzen. Um jeden Preis vermeidet sie Machtkämpfe mit ihrem Schüler und hält sich aus allen Konflikten heraus. Sie zeigt ihm ihren Respekt – sogar dafür, dass er innerhalb der Klasse vielleicht mehr Einfluss hat als sie selbst. Sie lässt sich auf keinen Streit mit ihm ein, weil dies genau das wäre, was er will – es hieße, auf seine Provokationen hereinzufallen. Wenn sie freundlich und fest bleibt, kann sie ihn dazu bewegen, sich auf angemessene Art seinen Platz zu sichern.

Viertes Beispiel

Tanja scheint dem Unterricht überhaupt nicht mehr zu folgen und verbringt den größten Teil des Schultags damit, gedankenverloren zum Fenster hinauszustarren. Sie fühlt sich entmutigt und stellt sich absichtlich dumm. Das Mädchen scheint einen Minderwertigkeitskomplex zu haben und neu gewagte Versuche, sich am Unterricht aktiv tzu beteiligen, sind meist nur von kurzer Dauer. Gelegentlich versucht sie sich an einer Aufgabe, aber beim geringsten Problem gibt sie sofort wieder auf. Sie scheint ihrer Umgebung mitteilen zu wollen: »Lasst mich einfach in Frieden, an mir beißt ihr euch die Zähne aus.« Der Lehrer sieht sie zusammengesunken an ihrem Tisch sitzen und ist versucht, einfach aufzugeben. »Ich weiß wirklich nicht mehr, was ich bei dir noch machen soll«, denkt er.

Nachdem sich der Lehrer vergewissert hat, dass das Mädchen Ziel Nr. 4 verfolgt – es versucht den Eindruck völliger Unfähigkeit zu erwecken –, beginnt er mit einem anstrengenden »Aufbauprogramm«. Er gibt Tanja das Gefühl, etwas geleistet zu haben, wenn sie sich Mühe gibt, und ermutigt sie – vor allem dann, wenn sie einen Fehler gemacht hat. Der Lehrer versucht es mit einem konstruktiven Ansatz und appelliert an die Kooperations-

und Hilfsbereitschaft der Mitschüler. Sie zeigen Tanja, dass sie an ihre Fähigkeit glauben, mit den gestellten Aufgaben fertig zu werden. Gerade Mitschüler können einen großen Einfluss ausüben, indem sie zeigen, dass sie sich über eine Verbesserung freuen, so klein diese auch sein mag.

▸▸▸ Verhaltensregeln bei Disziplinfragen

Zu wissen, was man nicht tun sollte, ist eine wichtige Hilfe bei der Bestimmung dessen, was getan werde sollte.
R. Dreikurs, »Dreikurs Sayings«

Was können Lehrer tun, um in der Klasse eine Art von Ordnung herzustellen, die sowohl sie selbst als auch ihre Schüler als zufriedenstellend empfinden? Ist das überhaupt möglich? Es ist möglich, wenn Ordnung und Disziplin als gemeinsames Anliegen betrachtet werden, nach dem Lehrer und Schüler gleichermaßen streben und durch das der Teamgeist geweckt wird. Um dies zu erreichen, muss der Lehrer sowohl wissen, was er in einer gegebenen Situation *nicht* tun darf, als auch, was er tun sollte. Die folgenden acht Einstellungen und Reaktionen sind sehr verbreitet, führen aber zu unerwünschten Ergebnissen.

1. Der eigenen Autorität allzu viel Bedeutung beizumessen kann bei den Schülern Trotzreaktionen und Widerstand erst hervorrufen, statt sie zu unterbinden. Pädagogen sollten sich auf ihre Aufgaben konzentrieren und nicht auf ihr eigenes Ansehen.
2. Vermeiden Sie es, zu nörgeln und zu mahnen – möglicherweise bestärken Sie das Kind damit nur in seinem Bemühen, sich zusätzliche Aufmerksamkeit zu sichern.
3. Verlangen Sie keine Versprechen von den Kindern. Die meisten Kinder versprechen alles Mögliche, um einer für sie unangenehmen Situation zu entkommen. Sie würden ganz einfach Ihre Zeit verschwenden.
4. Verteilen Sie keine Belohnungen für gutes Verhalten. Das betreffende Kind gewöhnt sich sonst vielleicht an, nur noch der

Belohnung wegen zu arbeiten, und hört auf, sobald es sie bekommen hat. Schlimmer noch, Sie können den Eindruck erwecken, dass jede höfliche Geste und jeder konstruktive Beitrag eine Belohnung rechtfertigen.

5. Halten Sie sich damit zurück, dem Kind seine Fehler aufzuzeigen; es wirkt demoralisierend und schadet dem Selbstwertgefühl.
6. Vermeiden Sie es, an Pädagogen und Schüler unterschiedliche Verhaltensmaßstäbe heranzutragen. In einer gleichberechtigten Gesellschaftsordnung herrscht gleiches Recht für alle. Unter diese Regel fallen auch das Kaugummikauen, die Verwendung unpassender Ausdrücke, unnötige Besuche von Kollegen und Unterhaltungen im Klassenzimmer, wenn die Kinder arbeiten, und alles, was Sie davon abhält, das Kind anzusehen, wenn Sie mit ihm sprechen – auch wenn es das Papier auf Ihrem Schreibtisch ist.
7. Setzen Sie Drohungen nicht als Mittel zur Disziplinierung ein. Manche Kinder lassen sich einschüchtern und werden ihr Verhalten kurzfristig ändern. Auf längere Sicht erreichen Sie damit aber nichts, denn es ändert die Überzeugungen und Einstellungen des Kindes nicht.
8. Seien Sie nicht rachsüchtig; Sie fördern damit nur Groll und Antipathien.

Sehen wir uns jetzt einige der wirkungsvolleren Methoden an, die Lehrer einsetzen können, um in der Klasse für Disziplin zu sorgen.

1. Unerwünschtes Verhalten beruht meist auf einer Fehleinschätzung des Kindes, was seine Stellung in der Gruppe und das Verhalten betrifft, das nötig ist, um ihm seinen Platz in derselben zu sichern. Deshalb müssen Lehrer zunächst herausfinden, was ein Kind mit seinem Verhalten erreichen will. (Siehe Kapitel 5 und 13.) Erst dann können sie sich weitere Maßnahmen überlegen.

2. Geben Sie klar verständliche Anweisungen für das Verhalten, das Sie von einem Kind erwarten. Warten Sie damit, bis Sie die Aufmerksamkeit der ganzen Klasse haben.
3. Das künftige Verhalten eines Kindes sollte Ihnen wichtiger sein als das, was es in der Vergangenheit getan hat. Erinnern Sie das Kind nicht an früheres Verhalten.
4. Sobald ein Kind anfängt, sich schlecht zu benehmen und die Atmosphäre in der Klasse zu beeinträchtigen, stellen Sie es vor eine Wahl: entweder sitzen zu bleiben, ohne die anderen zu stören, oder das Klassenzimmer zu verlassen. (Dies erfordert rechtzeitig getroffene Vereinbarungen, denen sowohl die Kinder als auch der Schulleiter zugestimmt haben müssen – das Kind muss wissen, wohin es in diesem Fall gehen soll.)
5. Gehen Sie immer vom Positiven aus und lassen Sie sich so wenig wie möglich vom Negativen beeinflussen. Jedes Kind hat viele gute Eigenschaften, aber wenn man nur schulische Leistungen gelten lässt, wird man sie vielleicht niemals entdecken.
6. Versuchen Sie, eine Beziehung zu jedem Kind aufzubauen, die von Vertrauen und gegenseitigem Respekt geprägt ist.
7. Erörtern Sie das Problem des Kindes zu einem Zeitpunkt, wenn keiner der Beteiligten emotional »geladen« ist, am besten während der wöchentlichen Gruppendiskussion.
8. Setzen Sie natürliche und logische Konsequenzen ein statt der herkömmlichen Strafen. Die Konsequenzen sollten logisch und zeitlich unmittelbar nach dem Fehlverhalten des Kindes eintreffen; das Kind muss diesen Zusammenhang verstanden haben.
9. Bleiben Sie bei Ihren Entscheidungen konsequent. Ändern Sie sie nicht ab, auch dann nicht, wenn Ihnen in einem konkreten Fall etwas anderes besser passen würde. Inkonsequenz verwirrt die Kinder; sie wissen dann nicht mehr, was von ihnen selbst in einem bestimmten Fall erwartet wird.

10. Versuchen Sie Verhaltensweisen immer in ihrem jeweiligen Zusammenhang zu sehen. So können Sie vermeiden, triviale Vorfälle zu Staatsaktionen aufzublasen.
11. Machen Sie es zur Gewohnheit, die zu erreichenden Ziele mit den Schülern zusammen zu setzen und Probleme mit den Schülern zusammen zu lösen.
12. Lassen Sie die Schüler mehr Verantwortung für ihr Verhalten und ihre Lernerfolge übernehmen. Kinder lernen nicht, Verantwortung zu übernehmen, wenn wir ihnen keine Gelegenheit dazu geben. Verantwortung bringt man ihnen bei, indem man sie ihnen überträgt. Aber seien Sie darauf vorbereitet, dass die Kinder ihre Freiheit zunächst missbrauchen – Es benötigt Zeit, sich an die zunehmende Eigenverantwortung zu gewöhnen.
13. Ziehen Sie die Klassengemeinschaft hinzu, die leise ihrem Missfallen Ausdruck verleihen kann, wenn ein Kind sich inakzeptabel verhält.
14. Behandeln Sie die Kinder mit dem Respekt, den Sie Ihrerseits von ihnen erwarten.
15. Verbinden Sie Freundlichkeit mit Konsequenz. Das Kind sollte sich immer im Klaren darüber sein, dass Sie sein Freund sind, sich bestimmte Verhaltensweisen aber trotzdem nicht gefallen lassen.
16. Unterscheiden Sie unbedingt zwischen Handlungsweise und handelnder Person. Dies erlaubt Ihnen, das Kind auch dann weiter zu respektieren, wenn es etwas Inakzeptables tut.
17. Bereiten Sie das Kind darauf vor, unabhängig zu werden und seine Entscheidungen selbst treffen zu können.
18. Legen Sie die Grenzen gleich am Anfang fest, aber arbeiten Sie auf gegenseitiges Verständnis, Verantwortungsbewusstsein und Rücksicht gegenüber anderen hin.
19. Geben Sie Fehler zu – die Kinder werden Ihre Aufrichtigkeit und Ihren Mut würdigen.
20. Meinen Sie, was Sie sagen, aber halten Sie Ihre Forderungen einfach und sorgen Sie dafür, dass sie erfüllt werden.

21. Die Kinder erwarten sich von Ihnen Unterstützung und Anleitung. Geben Sie ihnen diese Sicherheit, setzen Sie sich aber Kooperation und irgendwann auch Selbstbestimmung als Ziel.
22. Behalten Sie das langfristige Ziel im Auge – unabhängige, verantwortungsvolle Erwachsene.
23. Kinder brauchen Führung und Anleitung, bis sie gelernt haben, sich selbst anzuleiten.
24. Rücken Sie unliebsame Störungen nicht in den Mittelpunkt der Aufmerksamkeit, sondern stellen Sie die gute Atmosphäre im Klassenzimmer wieder her. Lassen Sie die Kinder wissen, dass Fehler behoben und danach vergessen werden.
25. Erkennen Sie es an, wenn sich das Verhalten eines Kindes in einer gegebenen Situation verbessert.
26. Arbeiten Sie mit den Kindern zusammen eine Vorgehensweise für Fälle aus, in denen Regeln verletzt wurden.
27. »Behandelt die anderen so, wie ihr selbst von ihnen behandelt werden wollt.«

▸▸▸ Beispiele aus der Erziehungspraxis

Wenn wir mit einem Kind zu tun haben, und auch wenn es ein sehr schwieriges ist, müssen wir an dieses Kind glauben. Mit Pessimismus erreicht man gar nichts; Optimismus ist die einzige Möglichkeit, Verhaltensänderungen bei anderen zu bewirken.

RUDOLF DREIKURS

Die folgenden Beispiele stammen aus der beruflichen Praxis von Pearl Cassel, die auf über vier Jahrzehnte Erfahrung als Grundschullehrerin zurückblickt. Hier sei noch einmal angemerkt, dass es sich bei den im Folgenden beschriebenen Zielen der Kinder in erster Linie um unbewusst verfolgte Verhaltensabsichten handelt.

Der elfjährige Jan strebte häufig Macht (Ziel Nr. 2) und Rache (Ziel Nr. 3) an. Mehrfach kam er nach der Pause zu spät ins Klassenzimmer zurück. Eines Tages erklärte ich der Klasse, dass wir gleich nach der Pause mit der Arbeit an einem Filmstreifen beginnen würden. Wir freuten uns alle darauf und planten einen Handlungsablauf nach der Geschichte von Theseus und Minotaurus; es sollten sowohl Schrift als auch Zeichnungen verwendet werden.

Die Kinder kamen aus der Pause zurück und ich gab ihnen detaillierte Anweisungen für die Größe und das Format ihrer Bilder. Jan tauchte auf, als ich mit den Erklärungen bereits fertig war. Er sah, dass seine Mitschüler schon arbeiteten, setzte sich und fragte mich: »Kann ich das auch machen?« Ich antwortete: »Ja, sicher.« Er sah sich an, was die anderen taten, aber die Bedeutung des richtigen Formats erklärten sie ihm nicht. Er verbrachte eine volle Stunde damit, hingebungsvoll zu zeichnen und zu malen, und am Ende der Stunde legten alle Schüler ihre Arbeit vor.

Als Jan seine Zeichnung vorzeigte, sagte einer seiner Mitschüler: »Das können wir nicht für den Filmstreifen verwenden, es hat nicht die richtige Größe für die Kamera.« Jan sagte: »Davon hat mir keiner irgendwas erzählt.« Ein anderes Kind sagte: »Die Lehrerin hat's uns gleich nach der Pause erklärt, aber du warst ja nicht da.«

Jan war bestürzt – sein Bild war das einzige Stück, das nicht fotografiert wurde. Als er nach dem Unterricht nach Hause ging, nahm er es mit und danach kam er nie wieder zu spät aus der Pause zurück.

Die logische Konsequenz brachte ihm das Nötige sehr viel wirkungsvoller bei, als eine Strafe es hätte tun können. Er lernte, ohne dass seine Lehrerin ihm zusätzlich Aufmerksamkeit widmen oder sich auf einen Machtkampf einlassen musste. Das Ergebnis war eine dauerhafte Änderung seines Verhaltens.

In der nächsten Geschichte geht es um einen Neunjährigen mit Rechtschreibproblemen (und wie die meisten Kinder, die Schwierigkeiten mit der Rechtschreibung haben, hatte er zugleich auch wenig Achtung vor der Ordnung). Tim war verschlossen und zutiefst entmutigt und Ziel Nr. 4 entsprechend führte er ständig seine eigene Unfähigkeit vor. Er sagte sogar Dinge wie »Sie brauchen das nicht zu korrigieren, ich weiß schon, dass alles falsch ist.«

In der Klasse wurde ein Rechtschreibprojekt betrieben, um das Niveau ganz allgemein zu heben, und die Schüler arbeiteten in fünf Gruppen. Die Wortlisten wurden jeweils am Montag zusammengestellt und im Lauf der Woche bearbeitet, und am Freitag folgte dann ein Test.

Während einer Gruppendiskussion beschwerten sich die Mitglieder von Tims Arbeitsgruppe, weil er so viele Fehler machte, dass er die Durchschnittswerte der Gruppe nach unten zog. Sie wollten ihn sogar von der Gruppe ausschließen. Ich fragte sie, was sie getan hatten, um Tim zu helfen, und die Antwort lautete »Nichts«. Als nächstes fragte ich: »Was könnten wir denn tun, um ihm zu helfen?« Sie schlugen daraufhin vor, dass einige Kinder ihm nachmittags Nachhilfe geben könnten. Ich fragte Tim, ob er die Hilfe annehmen wollte, und er kam mir geradezu entzückt vor.

Am darauf folgenden Montag erstellte Tims Gruppe einen Stundenplan für die nächsten vier Tage. Jeden Nachmittag spielte ein anderer Freiwilliger zehn Minuten lang Buchstabierspiele mit ihm. Am Freitag schrieb er seine Worte fehlerlos. Er war selbst überrascht und überglücklich. Der Rest der Gruppe gratulierte ihm begeistert. In den nächsten drei Wochen wurde das Vorgehen wiederholt, allerdings mit immer weiter reduzierten Nachhilfe-»Stunden«, bis er schließlich in der Lage war, seine Wortliste selbst und mit befriedigendem Ergebnis zu bearbeiten.

Die Situation im nächsten Beispiel wurde in einer Gruppendiskussion zur Sprache gebracht. Es war Winter und ein Kind stellte fest: »Es sieht hier furchtbar aus, weil hinten in der Klasse immer eine Menge Mäntel, Mützen und Handschuhe auf dem Boden liegen, obwohl es genug Kleiderhaken gibt.«

Ein anderes Kind sagte: »Wenn etwas auf dem Boden liegt, sollte man es entweder in den Mülleimer oder in den Fundsachenkasten tun.« Ein dritter Schüler schlug vor, dass ein auf dem Boden liegendes Kleidungsstück sofort und grundsätzlich in den Fundsachenkasten gelegt werden sollte. Wir einigten uns darauf, dass wir dies ab sofort zur Regel machen würden. (Es ist wichtig, dass man als Pädagoge einen Konsens erzielt, denn anders als bei einem Mehrheitsentscheid haben so alle Kinder das Gefühl, an der Entscheidung mitgewirkt zu haben.)

Am nächsten Morgen lagen etwa fünfzehn Mäntel und Mützen auf dem Fußboden. Ich sagte nichts dazu, aber eins der Kinder hob einen Armvoll Kleidungsstücke auf und bat ein anderes, ihm zu helfen. Zu zweit schleppten sie das ganze Zeug zum Fundsachenkasten.

In der Pause wühlten dann fünfzehn Kinder auf der Suche nach ihren Sachen in dem Kasten herum. Der größte Teil der Pause verstrich auf diese Weise. Am nächsten Tag waren es noch sieben Stücke auf dem Fußboden und am Tag darauf drei. Innerhalb einer Woche hatten wir das Problem der auf dem Boden verstreuten Kleidungsstücke beigelegt. Der Vorschlag war von der Gruppe gekommen und die Gruppe hatte das Problem ohne jede Hilfe meinerseits gelöst. Es ist ein wunderbares Beispiel dafür, wie Teamgeist sich in der Praxis bewähren kann.

In einer späteren Gruppendiskussion erwähnte ein Schüler, dass zwei Jungen, Ray und Manuel, die Gymnastikstunden stören. Ich fragte die beiden, ob das zuträfe, und sie gaben es zu. Nach einer längeren Diskussion kam ein Kind der Klasse auf die Idee, dass Ray und Manuel zu Beginn der Sportstunde ein paar Bewegungen und Übungen eigener Wahl vorführen konnten, und die Klasse würde sie wiederholen. Darauf einigte man sich und in der nächsten Sportstunde hielten sich alle Schüler an die Vereinbarung. Danach kamen von Ray und Manuel keine Störmanöver mehr.

▸▸▹ Probleme und Lösungen

Es folgen Darstellungen einiger verbreiteter Probleme und ihre Lösungen. Überlegen Sie sich zunächst selbst einmal, wie die Probleme bewältigt werden könnten, bevor Sie die Lösungen lesen. Achten Sie auf die Indizien – die Verhaltensweise des Kindes, die Reaktionen des Lehrers und die Worte, die zur Beschreibung der hervorgerufenen Gefühle verwendet werden. Gereiztheit weist auf Ziel Nr. 1 hin, ein Gefühl des Geschlagenseins auf Ziel Nr. 2, Wut auf Ziel Nr. 3 und Ratlosigkeit auf Ziel Nr. 4. Sehen Sie sich die Tabellen 2 und 3 in Kapitel 5, »Die vier Ziele kindlichen Fehlverhaltens«, an und wählen Sie die Maßnahmen, die der Lehrer anwenden könnte.

▶▶▷ Erstes Problem

David sitzt am Tisch, sieht sich gelegentlich um und erledigt seine Rechenaufgabe so langsam wie irgend möglich. Er schreibt drei Zahlen hin, radiert zwei davon wieder aus und versucht sie schöner zu schreiben. Nach einer Viertelstunde ist er schließlich zufrieden und wendet sich der nächsten einfachen Aufgabe zu. Die Lehrerin ist inzwischen durchs Klassenzimmer gegangen, hat anderen bei Bedarf geholfen und David aufgefordert, sich »ein bisschen zu beeilen«. Sie fragt sich, wie sie David dazu bewegen kann, schneller zu arbeiten.

David ist entmutigt, hält wenig von seinen eigenen Fähigkeiten und ist wahrscheinlich überehrgeizig. Die Lehrerin hat sich auf sein Bemühen um zusätzliche Aufmerksamkeit (Ziel Nr. 1) eingelassen, indem sie ihn mehrfach aufgefordert hat, sich zu beeilen. Damit hat sie seine Verantwortung selbst übernommen und sein Problem zu *ihrem* Problem gemacht. David glaubt, nur dann einen Platz in der Klasse zu haben, wenn seine Arbeit makellos ist; er fühlt sich nur »würdig«, wenn er der Allerbeste ist. Nachdem die Lehrerin ihn mit den vier Zielen konfrontiert hat und sich sicher sein kann, dass er das erste davon verfolgt, kann sie mehrere Dinge tun, um ihm zu helfen. Sie kann ihn dazu ermutigen, keine Angst vor Fehlern zu haben, und ihn wissen lassen, dass er akzeptiert wird, so wie er ist. Sie muss ihm begreiflich machen, dass er nicht perfekt zu sein braucht. Sie sollte ihm viel Aufmerksamkeit schenken, aber immer nur dann, wenn er es gerade nicht erwartet oder verlangt, und ihm dann bei der Arbeit helfen, wenn er wirklich überfordert ist. Sie sollte es vermeiden, ihn in der Klasse zu mehr Tempo aufzufordern, und ihm stattdessen helfen, sich bei der Erledigung seiner Aufgaben selbst Ziele zu setzen; dann kann sie ihn die Arbeit machen lassen, ohne sich einzumischen.

▶▶▷ Zweites Problem

Maria hebt die Hand und erklärt ihrem Lehrer, sie wisse nicht, was sie tun soll. Der Lehrer mustert sie entnervt und erkundigt sich, ob sie bei der Erklärung der Aufgabe zugehört habe. Er ist gereizt und sein Tonfall verrät es. Maria hat es sich zur Gewohnheit gemacht, nicht zu wissen, was sie tun soll, und der Lehrer hat ihr genau das schon oft vor der ganzen Klasse gesagt.

Maria verfolgt Ziel Nr. 1 – destruktives Streben nach Aufmerksamkeit – und der Lehrer bestärkt sie noch darin. Der klarste Hinweis darauf, was das Verhalten des Mädchens wirklich bedeutet, ist die Reaktion des Lehrers – seine eigene Gereiztheit. Statt Maria zu mehr Eigenverantwortung zu ermutigen, demoralisiert er sie noch weiter, indem er sie blamiert. Jetzt fühlt sie sich verpflichtet, seinen niedrigen Erwartungen gerecht zu werden.

Nachdem der Lehrer Maria befragt hat, um sich zu vergewissern, dass sie wirklich Ziel Nr. 1 verfolgt, beschließt er, sich seine Gereiztheit nicht mehr anmerken zu lassen. Er wird Maria zum Zuhören ermutigen, wird seine Anweisungen aber nicht eigens für sie wiederholen. Wenn Maria nicht weiß, was sie zu tun hat, wird sie ihre Aufgabe nicht in der vorgegebenen Zeit erledigen können. Die logische Konsequenz wäre, dass sie die Arbeit in ihrer Freizeit nach Schulschluss zu Ende bringt, Daraus lernt sie, in Zukunft zuzuhören.

▶▶▷ Drittes Problem

Susan spielt im Kindergarten mit dem Puppenhaus während Elsa geduldig darauf wartet, auch an die Reihe zu kommen. Die Betreuerin schlägt nach einiger Zeit vor, Elsa an das Puppenhaus zu lassen. Daraufhin schleudert Susan ihre Puppe auf den Boden, versetzt dem Puppenhaus einen Tritt und tritt der Betreuerin auf den Fuß. Die fragt sich, warum Susan sich so widerlich benimmt. Durch diese Reaktion ist bereits zu erkennen, welches falsche Ziel Susan verfolgt – Nr. 3. Mit der herumgeworfenen Puppe und den Tritten demonstriert Susan auf aktiv-destruktive Weise ihr Bedürfnis nach Vergeltung. Wir müssen im Gedächtnis behalten, dass bei Kindern unter zehn Jahren alle Verhaltensweisen, akzeptabel oder nicht, auf den Erwachsenen zielen und Versuche des Kindes darstellen, sich Bedeutung zu verschaffen.

Wenn Susan sich beruhigt hat, sollte die Betreuerin ihr die vier Ziele aufzählen und herausfinden, ob Susan wirklich das dritte davon verfolgt. Danach kann sie Susan zu verstehen geben, dass sie gemocht wird, vielleicht indem sie ein anderes Kind aus der Gruppe als freiwilligen Helfer hinzuzieht. Sie wird Susan auf herzliche, freundliche Art zur Kenntnis nehmen, wenn deren Verhalten akzeptabel ist, allerdings nicht, wenn sie sich danebenbenimmt. Sie wird immer versuchen, Susan das Gefühl zu vermitteln, dass sie dazugehört und Teil der Gruppe ist. Wenn die Betreuerin daran glaubt, dass Susan in der Lage ist, sich akzeptabel zu verhalten, dann wird Susan auf dieses Vertrauen vermutlich entsprechend reagieren. Die Betreuerin erinnert sich auch daran, dass man ein Kind dabei »erwischen« soll, wenn es etwas Konstruktives tut.

Viertes Problem

Alyssa verhält sich im Unterricht sehr still und beteiligt sich nie an den Gruppendiskussionen. Oft vergisst sie, ihre Arbeit abzuliefern, und in Klassenarbeiten kommt sie kaum über die erste Aufgabe hinaus. An dem Tag, an dem eine Exkursion geplant war, ist sie zu Hause geblieben, obwohl sie nicht krank war. Die Lehrerin hat schon oft versucht, Alyssa für die behandelten Themen zu interessieren, hat aber niemals einen Funken von Enthusiasmus bemerkt. Sie weiß inzwischen nicht mehr, was sie mit dem Kind anfangen soll.

Alyssa ist passiv, antriebslos und resigniert. Sie will nur noch in Ruhe gelassen werden und verhält sich, als wäre sie zurückgeblieben oder unfähig. Die Lehrerin fühlt sich hilflos und Alyssa hat so wenig Interesse an anderen Kindern, dass sie nicht einmal eine Exkursion mitmachen will; aus alldem können wir schließen, dass sie Ziel Nr. 4 verfolgt. Mit der in diesem Buch beschriebenen Methode kann die Lehrerin dies überprüfen. Alyssa hat vollkommen den Mut verloren und sehnt sich nach Unterstützung. Bei der wöchentlichen Gruppendiskussion kann die Lehrerin ihr Möglichkeiten zur Teilnahme bieten und die anderen Kinder auffordern, sie in ihre Aktivitäten mit einzuschließen. Wenn Alyssa allmählich Vertrauen in ihre Fähigkeiten im Umgang mit anderen entwickelt, wird sie auch eher in der Lage sein, sich mit ihren Aufgaben zu beschäftigen. Wenn sie das Gefühl hat, wirklich dazuzugehören, wird sie sich auch mit mehr Begeisterung an ihre Hausaufgaben begeben.

▶▶▷ Fünftes Problem

Paul streitet ständig mit der Klassenlehrerin. In Geschichts- und naturwissenschaftlichen Stunden unterbricht er und erklärt die Aussagen der Lehrer für falsch. Wenn die Klasse aufgefordert wird, einen Text im Schulbuch zu lesen, erzählt er Witze, um die anderen Schüler abzulenken. Die meisten Unterrichtsstunden boykottiert er. Was auch immer von ihm verlangt wird, er tut das Gegenteil. Die Klassenlehrerin hat die Nase voll und erwischt sich oft bei dem Gedanken: »Wer hat hier eigentlich das Sagen – er oder ich?«

Paul ist ein typisches von seiner eigenen Macht berauschtes Kind, das glaubt, andere kontrollieren und herausfordern zu müssen, um dazuzugehören. Er versucht die Autorität der Lehrerin zu untergraben, indem er widerspricht, seine Mitschüler ablenkt und die Kooperation verweigert. Die Lehrerin fühlt sich in ihrer Stellung bedroht und befindet sich in einem Dauerkonflikt mit dem Jungen, der unverkennbar Ziel Nr. 2 verfolgt. Nach einer Unterredung mit Paul, in der sie herauszufinden versucht, ob sie richtig geraten hat, kann sie ihm helfen, indem sie ihm wichtige und dabei konstruktive Aufgaben innerhalb der Klasse überträgt. Sie wird sich nicht auf einen Wettstreit mit ihm einlassen, sondern ihn stattdessen als Verbündeten gewinnen. Wenn er zu streiten beginnt, wird sie sich aus der Auseinandersetzung zurückziehen, einfach indem sie die Ruhe bewahrt und nicht antwortet. Von Zeit zu Zeit kann sie ihm öffentlich zustimmen, selbst wenn er den Unterricht stört, indem sie etwa ohne erkennbare Emotion sagt: »Da könntest du recht haben.« Wenn sie Respekt für Paul zeigt, wird er feststellen, dass er nicht ständig auf Konfrontation setzen muss, um ein Teil der Klasse zu sein. Bei der wöchentlichen Gruppendiskussion kann er lernen, weniger aggressiv mit seinen Mitschülern umzugehen, und mit der Zeit auch, Konstruktives beizutragen.

▶▶▷ Sechstes Problem

Ben kommt zum Geschichtsunterricht, sieht sich um, setzt sich und fängt an, mit seinem Füller zu spielen. Als die Stunde beginnt, wird rasch klar, dass er keinerlei Anteil nimmt. Den größten Teil der Zeit verbringt er damit, zum Fenster hinauszustarren. Nachdem die Aufgabe bekannt gegeben wurde, geht die Lehrerin durchs Klassenzimmer und stellt fest, dass Ben keine Anstalten macht, auch nur mit der Arbeit anzufangen. Sie erklärt ihm, er würde am Nachmittag wiederkommen müssen, wenn er die Aufgabe im Unterricht nicht abschließen könne; daraufhin zuckt er die Achseln und teilt ihr mit, das hätten ihm alle anderen Lehrer auch schon gesagt. Die Lehrerin fühlt sich vollkommen ratlos und weiß nicht, was sie jetzt noch unternehmen soll.

Dass Ben es vorzieht, in der Klasse ein Beobachter zu bleiben, statt sich zu beteiligen, weist darauf hin, dass er sich unzulänglich fühlt. Die Reaktion der Lehrerin – Ratlosigkeit angesichts der Situation – weist darauf hin, dass sie sich auf Bens Ziel (Nr. 4) eingelassen hat. Strafandrohungen verfehlen bei Ben offensichtlich ihren Zweck. Er hat aufgegeben, versucht nicht einmal mehr, eine Verbesserung zu erzielen und ist so entmutigt, dass er sich selbst blockiert.

Nachdem sie mit Ben gesprochen hat, um ihren Verdacht auf Ziel Nr. 4 zu bestätigen, beginnt die Lehrerin mit einem Ermutigungsprogramm. Vielleicht kann sie auch die anderen Lehrer dafür gewinnen, die ebenfalls Schwierigkeiten mit Ben haben. Wenn die zugewiesenen Aufgaben innerhalb von Bens Möglichkeiten liegen, kann sie vielleicht einen anderen Schüler dazu bewegen, sie mit ihm zusammen zu erledigen. Sie beschließt, in schriftlichen Arbeiten nur seine richtigen Antworten anzustreichen und die Fehler zu ignorieren, damit er den Eindruck bekommt, Fortschritte zu machen. Sie kann der Klasse in aller Aufrichtigkeit erzählen, dass sich Ben, der von fünfzig Fragen vier richtig beantwortet hat, um hundert Prozent verbessert hat, denn beim letzten Mal hatte er nur zwei Fragen richtig beantwortet.

Von Tränen zur Kooperation

Anhand dieser Beispiele sehen wir, dass die Gruppendiskussion ganz erheblich zum Zusammenwachsen der Klasse beitragen und sogar von entscheidender Bedeutung sein kann, wenn Sie demotivierte, unkooperative Kinder ermutigen wollen. Lehrer lernen hier, weniger zu reden, mehr zu handeln und ihre Schüler als Individuen mit enormem Potential zu respektieren, und der Unterricht kann in einer kooperativen Atmosphäre stattfinden, in der die Schüler bereitwillig lernen und Disziplinprobleme die Ausnahme sind. Ohne den ständigen Druck durch Konflikte können die Lehrer ihr volles Potential nutzen und die Schüler ihre Kreativität entfalten. Das Lernen ist ein kreativer Prozess und wir sollten dafür sorgen, dass in unseren Klassenzimmern die bestmöglichen Rahmenbedingungen herrschen, damit dieser Prozess stattfinden kann.

Wenn Sie die in diesem Buch dargelegten Prinzipien im Unterricht anwenden, werden Sie in Ihrem Beruf zufriedener, gesünder und entspannter sein. Kindertränen und schlaflose Nächte werden der Vergangenheit angehören. Sie werden die Freude an Ihrem Beruf wiederfinden und die Freude am Lernen an Kinder weitergeben können, die mit Leidenschaft entdecken, erforschen und das Entdeckte teilen – mit Ihnen, dem Lehrer und Freund.

▸▸▸ Anmerkungen

1 Ausführlich beschrieben wird der Familienrat bei Betty L. Bettner und Amy Lew: Kindern eine Chance geben, München: Mosaik, 1992. Ebenso bei Rudolf Dreikurs: Familienrat. Der Weg zu einem glücklichen Zusammenleben von Eltern und Kindern, Stuttgart: Klett-Cotta, 2. Auflage, 2005.

2 Kurt Lewin: Die Lösung sozialer Konflikte, Bad Nauheim: Christian-Verl., 1975.

3 Pearl Cassel und Raymond Corsini: Coping with Teenagers in a Democracy, Toronto: Lugus, 1990.

4 Arnold Gesell: Child Development: An Introduction to the Study of Human Growth, New Haven: Yale University Press, 1949
Jean Piaget: »Will and action«, Bulletin of the Menninger Clinic 26 (3, 1962): 138–145.

5 Alfred Adler: Der Sinn des Lebens, Göttingen, 2008.

6 Don Dinkmeyer und Rudolf Dreikurs: Ermutigung als Lernhilfe, Stuttgart: Klett-Cotta, 2004.

7 Rudolf Dreikurs: Eltern und Kinder – Freunde oder Feinde? Stuttgart: Klett-Cotta, 2001.

8 Alfred Adler: Praxis und Theorie der Individualpsychologie, Frankfurt: Fischer, 2006
Alfred Adler: Lebenskenntnis, Frankfurt: Fischer, 2005.
Alfred Adler: Wozu leben wir?, Frankfurt: Fischer, 2006.

9 Rudolf Dreikurs: Technology of Conflict Resolution, *Journal of Individual Psychology* 28 (1972): 203–206.
Rudolf Dreikurs: Toward a technology of human relationship, *Journal of Individual Psychology* 28 (1972): 127–136.

10 Nach Dr. F. J. C. Seymour, ehemaliger Assistant General Secretary der Alberta Teachers' Association.

▸▸▸ Weiterführende Literatur

Barber, J.; Allan, J.: *Managing Common Classroom Problems*. Toronto: University of Toronto Guidance Centre, 1986.

Cassel, P.; Corsini, R.: *The Challenge of Adolescence*. Toronto: Crystal Cassel, 1998.

Cassel, P.; Corsini, R.: *Coping with Teenagers in a Democracy*. Toronto: Lugus Productions, 1990.

Dinkmeyer, D.; Dreikurs, R.: *Ermutigung als Lernhilfe*. Stuttgart: Klett-Cotta, 2004.

Dreikurs, R.; Grunwald, B. B.; Pepper, F.: *Lehrer und Schüler lösen Disziplinprobleme*. Weinheim: Beltz, 2007.

Dreikurs, R.; Soltz, V.: *Kinder fordern uns heraus: wie erziehen wir sie zeitgemäß?* Stuttgart: Klett-Cotta, 2008.

Ferguson, E. D.: *Die Individualpsychologie Alfred Adlers: eine Einführung*. Alsdorf: AWD, 2006.

▸▸▸ Nachwort von Jan-Uwe Rogge

Disziplin ist mal wieder in aller Munde – Thesen, die Bernhard Bueb in seinem Bestseller »Lob der Disziplin« formulierte, bleiben oberflächlich und vereinfachend. Damit kann man sich kurzfristig die Lufthoheit über bildungsbürgerliche Stammtische erobern, sich einen vorübergehenden Stammplatz in Talkshows sichern. Mehr nicht! Buebs Thesen bleiben nebulös und einem kontrastprofilierten Schwarz-Weiß-Denken verhaftet, weil er die philosophische wie pädagogische Tiefe, in der man in der Vergangenheit über Jahrzehnte, ja Jahrhunderte hinweg ebenso ernsthaft wie kontrovers über Disziplin stritt, kaum zur Kenntnis genommen hat.

Dies gilt insbesondere für die angelsächsische Literatur – und hier besonders das vorliegende Buch von Rudolf Dreikurs. Während Dreikurs' »Kinder fordern uns heraus« einem breiten Leserkreis vertraut ist, blieben seine ebenso hintergründigen wie fundierten Einlassungen über Disziplin weithin unbekannt. Umso verdienstvoller ist es, wenn »Disziplin ohne Tränen« nun in völlig überarbeiteter und aktualisierter Übersetzung erscheint. Es sind drei zentrale Gedanken, die Dreikurs' Methode so fruchtbar für die Beziehung von Erwachsenen, seien sie nun Eltern oder Lehrer, zu ihren Kindern werden lassen:

- Erziehung hat nichts mit der bloßen Anwendung von Techniken zu tun. Erziehung ist Beziehung, braucht ein emotionales Fundament. Nur so lassen sich Zumutungen, die Erziehungsprozesse für Erwachsene und Kinder mit sich bringen, aushalten.
- Partnerschaftliche Erziehung und die Wahrnehmung einer Erziehungsverantwortung durch den Lehrer, durch Vater oder Mutter stellen keinen Widerspruch dar. Die Vermittlung von Normen und Werten sind Voraussetzungen für ein humanes,

von gegenseitiger Achtung getragenes Miteinander. Und bei aller Einfühlung in ein Kind, z. B. die Ziele seines grenzüberschreitenden Handelns zu erkennen und zu bewerten, so dürfen doch Verständnis für kindliches Handeln nicht mit seiner Akzeptanz verwechselt werden. Wenn Kinder sich die Freiheit nehmen, Regeln zu missachten, dann müssen sie auch die Verantwortung für ihr Tun übernehmen. Freiheit und Verantwortung gehören unabdingbar zusammen.

- Erziehung ist dann ein energieraubender, nervenaufreibender Job, wenn man die Kinder als Objekte von Belehrung versteht, sich der Erwachsene als Besserwisser erlebt. Kinder sind – darauf hat Dreikurs hingewiesen – nicht nur Lehrlinge, sie sind auch Lehrmeister. Kinder haben häufig einfache Mittel zur Hand, um komplizierte Situationen zu lösen. Deren Gebrauch muss man sich von Kindern abschauen, dann hat man mit einem Mal Techniken zur Hand, mit denen man verfahrene Situationen pragmatisch und unkompliziert lösen kann.

Erziehungsprozesse – und darauf hat Rudolf Dreikurs in seinen Arbeiten immer wieder hingewiesen – verlaufen nach bestimmten Regeln, die aber jederzeit auch in unüberschaubare Situationen umschlagen können. Wer Kinder erzieht, sollte sich von der Idee verabschieden, alles sei sofort pädagogisch mach- und umsetzbar. Die Beziehungen zwischen Erwachsenen und Kindern sind von Regeln und Chaos gleichermaßen geprägt. Relativierende Faktoren sind sowohl kulturelle, soziale oder politische Rahmenbedingungen als auch genetisch bedingte Persönlichkeitsmerkmale des Kindes. Für Erwachsene heißt das, das Chaos anzunehmen, es ansatzweise zu beherrschen und manchmal damit leben zu lernen.

Das Leben mit Kindern – egal ob im Klassenzimmer oder zu Hause – ist voll von Spontaneität, die Intuition erfordert. Da jedes Kind, jedes Familienleben einmalig ist, bringt jeder Tag etwas Neues, Überraschendes. Manchmal wirken pädagogische Rezepte, ohne dass man weiß, warum. Ein anderes Mal und beim selben Rezept, kochen die Wogen hoch, obwohl alle Zutaten stimmten. Nochmals: Erziehung ist eine gestaltende Kraft, der eine Ordnung innewohnt. Aber nicht immer weiß man, wie diese Ordnung funktioniert, warum pädagogisches Handeln bei dem einen Kind Früchte trägt, beim anderen nicht! Diese Art Ordnung ist mithin nur das halbe Leben, die andere Hälfte ist das Chaos. Und so, wie man lernt, Ordnung zu akzeptieren, so kann man lernen, sich mit dem Chaos zu arrangieren. Das macht möglicherweise Angst, aber wer solche Unsicherheiten aushält, wer akzeptiert, dass Unvollkommenheit zum Leben und zur Erziehung gehört, der hat den Kopf frei, sich auf Neues einzulassen. In diesem Sinne macht Rudolf Dreikurs Mut, verweist aber zusätzlich auf ein grundsätzliches Dilemma: Einerseits soll der Erwachsene Vorbild sein, Werte und Normen vermitteln, das Kind ins Leben begleiten, andererseits fehlt aber der Kompass, der den rechten Weg immer und alle Zeit weist. Aber diesen Weg gibt es nicht.

Es ist eine fixe Idee, dass eine perfekte Erziehung das perfekte Kind mit Gütesiegel produziert, aus einer verfehlten Erziehung automatisch das problematische, auffällige und gestörte Kind resultiert. Erzieherisch verantwortliches Handeln stellt sich nicht als letztlich bis ins Detail planbare Aktivität dar. Aus ihm kann anderes hervorgehen, als man wollte oder sich in kühnsten Träumen vorstellte. Erzieherisch verantwortliches Handeln hat mit Aushalten dieser Unsicherheit zu tun. Dies bedeutet – und auch darauf hat Rudolf Dreikurs hingewiesen – nicht ein resignatives Eingeständnis, es ist die Einsicht, dass die Wirkung von Erziehung – so der Pädagoge Rolf Arnold – ungesichert bleiben muss. Wer sich Hoffnung über die Wirksamkeit seiner erzieherischen Absichten macht, der wird häufig enttäuscht.

Man kann nicht nicht erziehen: Zweifelsohne beeinflussen Erziehungsprozesse Kinder. Aber warum manche Handlungen positive Ergebnisse zeigen, das kann zufällig sein, kann mehr mit dem Kind, seiner Innenwelt, seinem Charakter, seinem Temperament zu tun haben, als mit den pädagogischen Eingriffen.

Kinder kommen nicht als unbeschriebene Blätter auf diese Welt, und die Aufgabe von Erziehung besteht nicht darin, die unbeschriebenen Blätter nach den Vorstellungen von Erwachsenen zu beschreiben. Und immer dann, wenn ein Skript nicht passt, es durch ein neues zu ersetzen – das Buch des Lebens eines Kindes so lange zu verändern, bis es den Vätern, den Müttern oder den Lehrern passt. Kinder kommen als einzigartige, unvergleichliche Persönlichkeiten auf die Welt, die nicht ununterbrochen an anderen Kindern gemessen werden wollen.

Und dies ist Dreikurs' Ansatz für erzieherisches Handeln: Erziehung ist Beziehung, man kann nur erziehen, wenn man in Beziehung tritt – und die stellt sich in jeder Entwicklungsphase des Heranwachsenden unterschiedlich dar. Erziehung ist somit auch Begleitung. Begleitung heißt nicht, einem Kind das Tempo vorzuschreiben. Begleitung meint, sich nach jenem Tempo zu richten, das ein Kind in die Welt bringt.

Es gibt deshalb keine absolut »richtigen« pädagogischen Maßnahmen, es gibt nur solche, die für das einzelne Kind, für seine Persönlichkeit passen. Es sind drei zentrale Aspekte, die eine Beziehung zum Kind ausmachen:

- Sich in das Kind hineinfühlen, vom Kind aus denken lernen, seine Wertvorstellungen und Interessen verstehen lernen. Doch dort, wo elterliche Erziehungsverantwortung erforderlich ist, muss sie wahrgenommen und müssen den Kindern Erziehungsziele und -vorstellungen erläutert werden.
- An Ressourcen des Kindes anknüpfen, also an jene Fähigkeiten, die ein Kind hat, den Fokus seiner Aufmerksamkeit auf das zu legen, was es kann, und nicht auf seine Schwachen, nicht auf das, was es (noch) nicht weiß.
- Sich auf das Kind einlassen, authentisch und zuverlässig sein, meint, für das Kind da zu sein. Jedes Kind – so hat es der amerikanische Sozialpsychologe Uri Bronfenbrenner einmal ausgedrückt – braucht einen Erwachsenen, egal ob Eltern, Großeltern, Tante oder Onkel, an den es »irrational-emotional gebunden« ist, dem es bedingungslos vertraut.

Mühselig sei eine »gute Erziehung« des Kindes, schrieb einst der niederländische Philosoph Erasmus von Rotterdam. Dabei dürften einige erzieherische Maßnahmen für die Entwicklung von Kindern zu einer eigenständigen, autonomen, lebensbejahenden und mitfühlenden Persönlichkeit unverzichtbar sein.

- Kinder brauchen in Abhängigkeit vom Lebensalter Aufmerksamkeit, Interesse, Fürsorge, Unterstützung und Achtung. So gibt Geborgenheit dem Säugling das Gefühl von Sicherheit, während es vom Kleinkindalter an darum geht, Autonomie und Eigenständigkeit zu gewähren. Später lösen sich die Kinder allmählich aus den Armen der Eltern, und die Freunde werden wichtiger, ohne dass damit die Bedeutung der Eltern in Frage gestellt wird.
- Kinder haben das Recht auf Eigen-Sinn: auf eigene Aktivität, die Neugierde und Durchsetzungsfähigkeit ausbilden; auf eigene Kompetenzen, will jedes Kind doch etwas leisten und sich an den selbsterbrachten Ergebnissen erfreuen; auf eigene Gefühle, um Angst und Aggression auszudrücken und Frustrationen auszuhalten; auf eigenen Willen, um die Unabhängigkeit von den Eltern zu proklamieren; auf eine eigene Intimsphäre, auf Raum und Zeit für Phantasien, um mit sich und der Welt, unbeobachtet von anderen, klarzukommen.
- Nicht zu vergessen sind jene Normen und Werte, die für das zwischenmenschliche Zusammenleben so unverzichtbar sind: Achtung und Respekt vor anderen Menschen, Aufrichtigkeit und Mitgefühl, Freundlichkeit und Höflichkeit, Umgangsformen und soziale Kompetenzen, Verantwortungs- und Selbstbewusstsein. Die Vermittlung von Normen und Werten ist freilich ein widersprüchlicher Prozess, der durch Entwicklungs- und Altersbesonderheiten mitbestimmt wird. Doch auch hier gilt: Der Weg ist das Ziel.

Wenn man über erzieherische Maßnahmen nachdenkt und deren Begrenztheit sieht, dürfen zwei wichtige Aspekte nicht außer Acht gelassen werden:

- Kinder erziehen sich auch selbst. Sie schauen, ahmen nach, setzen um – und das immer wieder aufs Neue. Deshalb ist eine anregende Umwelt für das Kind so wichtig, die es ihm ermöglicht, Abläufe zu wiederholen, um so Fähigkeiten und Fertigkeiten durch Wiederholungen zu verfestigen. Erzieherische Handlungen geben Anstöße, die das Kind umsetzt. Nicht der Erziehende kann das Kind verändern. Dies kann nur das Kind selbst. Bildung ist deshalb zugleich Selbstbildung: Das Subjekt nimmt Angebote auf, entwickelt seine Kräfte und Kompetenzen selbsttätig. Es geht mithin nicht um Belehrung, sondern darum, dem Kind Anregung zu geben. »Jedes Kind nimmt die Wirklichkeit nur über die eigenen Sinne wahr«, so der Pädagoge Otto Speck, »und baut sie in sich über seine eigene Dynamik und Struktur Stück für Stück auf.«
- Von der Begleitung der Kinder ins Leben profitieren beide, Erwachsene wie Kinder, nicht im Sinne einer Perfektionierung oder Planbarkeit der Erziehung, vielmehr dahin gehend: Kinder lernen von den Erwachsenen, Erwachsene von den Kindern.

Es gibt in der Pädagogik das Bild von den drei Lehrern: Da ist zunächst der Wissensvermittler, der Kinder als leere Krüge begreift und sie mit seinen Fähigkeiten und Fertigkeiten füllen will. Kinder sind in diesem Bild unfertige, unmündige, unwissende Wesen, die es zu (be-)lehren gilt.

Dann gibt es den Töpfer, der Kinder als einen ungestalteten, durch den Erwachsenen zu formenden Klumpen Lehm begreift. Dabei hat der Erwachsene klare Vorstellungen davon, wie die Form aussehen wird. Der Lehrer verlangt in diesem Bild Fügsamkeit, die mit Unterordnung, mit Verzicht und Einschränkung gleichzusetzen ist.

Der dritte Lehrer ist der Gärtner, der das zur Ausbildung bringt, was ein Kind an Anlagen, an Charakter und Temperament mitbringt. Ein Gärtner weiß oder spürt: Die eine Pflanze braucht mehr Wasser, eine andere würde daran ertrinken, eine

Blume benötigt viel Sonne, die andere liebt den Schatten, ein Busch wächst ganz langsam, der andere treibt schnell aus; alle müssen in ihrem Wachsen – mal behutsam und sanft, mal fester und einschneidend – begleitet werden.

Zwar brauchen Kinder den Wissensvermittler, aber als Begleiter auf ihrem Weg ins Leben benötigen sie vor allem den Gärtner, der erkennt:

- Jedes Kind ist auf seine Art und Weise einzigartig und unvergleichbar.
- Bildung erwirbt man nicht allein durch vorgegebenen Lernstoff. Bildung hat mit Selbstbildung zu tun. Sie dient der Ausbildung von Autonomie und Eigenständigkeit, von Neugierde und Kreativität – und erzeugt damit Freude an selbsterbrachter Leistung.
- Lernen, den eigenen Lebensweg zu erkunden, hat mit einem steten Suchen zu tun. Selbständiges Lernen ist nicht allein von Erfolgserlebnissen begleitet. Mit Lernen verbindet sich auch Frustration, Enttäuschung, Aufschub von Bedürfnissen.

Kinder müssen lernen, Konflikte auszuhalten, sie alters- und entwicklungsangemessen zu lösen, aus Eigeninitiative selbstverantwortlich zu handeln, den Willen zu haben, aus eigener Kraft »gut« zu werden, die allgemeinverbindlichen Normen und Werte zu verinnerlichen – und nicht, weil sie durch Gehorsam und Disziplin darauf eingeschworen sind. »Kadavergehorsam« hat man das einst genannt. Freiheit und damit die Freiheit zur Verantwortung erwirbt man – so der Pädagoge Rolf Arnold – nicht durch Disziplin, sondern »Selbstdisziplin erwirbt man durch Freiheit«. Und Selbstdisziplin heißt: Kinder nicht »gut« zu machen, sondern dass sie sich wünschen, »gut« zu sein. Dazu bedarf es festgelegter/vereinbarter Regeln, Rituale und Grenzen, die sich am Alter und an den Entwicklungsbesonderheiten des Kindes orientieren, die Erziehung als Begleitung ins Leben verstehen, die Heranwachsende von einer egozentrischen Sichtweise, wie sie für das Säuglings- und Kleinkindalter so kennzeichnend ist, an ein altruistisches Handeln heranführen, das sich durch Helfen, Mitgefühl, Trösten und Teilen auszeichnet.

Doch in der Freiheit liegen auch Gefahren. Freiheit ohne Grenzen bringt für Kinder Angst und Unsicherheit mit sich: Je größer die Freiheit ist, desto eher entsteht das Gefühl, jederzeit und augenblicklich alles haben zu wollen und können. Entgrenzte Lebenswelten ziehen eine Offenheit nach sich, die von Kindern manchmal als Gleichgültigkeit, Beliebigkeit, Vernachlässigung, als Alleingelassensein erlebt wird. Gerade heute, da so vieles möglich und unmöglich ist, sind Verlässlichkeit und Verbindlichkeit in der Erziehung besonders wichtig. Dabei spielt das Annehmen des Kindes, so wie es ist, eine zentrale Rolle.

Wer sich allerdings ständig überlegen und klüger fühlt, der setzt Autorität mit körperlicher, geistiger, moralischer und intellektueller Höherwertigkeit gleich, der erhebt sich über das Kind. Und dann bekommt die erzieherische Beziehung eine negative Dimension von Macht, dann wird aus dem Einfordern und Vorleben von Disziplin eine Disziplinierung, die auf Gefolgschaften setzt, die Gehorsam als Selbstzweck missversteht. Solch eine Disziplinierung will Konformität, sie setzt Normen und Werte mit Zuckerbrot und Peitsche durch, an deren Ende nicht autonome, selbstbewusste Heranwachsende stehen, sondern graue Mäuse, die durch das Befolgen von Regeln Strafen vermeiden wollen.

Disziplin erwächst aus der Freiheit. Die Verinnerlichung von Normen und Werten gründet auf deren Akzeptanz, setzt Teilhabe am pädagogischen Prozess voraus. Zur Disziplin, genauer: Selbstdisziplin, gehört, die Anforderungen des sozialen Miteinanders zu erfüllen, den anderen in seinem Recht auf Unversehrtheit zu achten und zu respektieren, moralische Standards umzusetzen, eigene Bedürfnisse zu befriedigen und »gut« für sich zu sorgen, aber auch Versagen, Niederlagen und Schuld bei Verfehlungen einzugestehen, Versuchungen zu widerstehen, aber sich klar zu werden, dass sie zum Leben gehören.

Wiederholung; die Lehrer und Lehrer werden dafür ausgebildet werden.

S. 24 Lehrer müssen den Eltern ...

32 Selbstprüfung durch Selbstbeobachtung!

40 Zehn Schritte beachten, dann ...

→! Verhaltensänderung durch Einsicht